내 사랑
웬수,
결혼이
뭐길래

내 사랑 웬수, 결혼이 뭐길래

언론인
고혜련의
결혼 칸타타

고혜련 지음

"결혼은 미친 짓이다?"
세상에 완벽한 최선은 없다.
결혼은 '사랑해서'라기보다
'사랑하기 위해서' 하는 것이다.

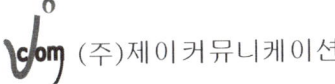
(주)제이커뮤니케이션

들어가며

"여보야, 인생은 가까이 보면 비극이지만 멀리서 보면 희극이라네."
사소한 의견 차이로 한참 핏대를 올리며 닦아세우는 아내에게 툭 던지는 그의 한마디.

오늘도 이성을 잃고 순식간에 벌게진 그녀는 순간 무안해져서 피식 웃고 만다. 화를 버럭 낸 자도 일말의 자존심이 있는 거다. 그래서 스스로 부끄러워지는 것이다.

주위 사람들이 보기에 목소리 큰 놈이 매번 이기는 것 같지만, 천만의 말씀이다! 우리 집 부부 싸움 전적은 그의 압승이다. 평소에는 가방끈이 긴 척하다가 '일자무식쟁이'로 돌변하는 아내의 허점을 은근하게 찌르며 어서 정신 차리라고 압박한다. 그 기지와 시니컬한 유머로 상대의 전의를 상실케 하는 것이다. 맥 빠지고 김새게 말이다.

만만치 않은 세월을 살아온 내 결혼생활의 역사는 그의 느긋한 여유와 '의지적 사랑'에 의해 종착역을 향해 무사히 달리고 있다.

때론 '이 인간이 고단수야. 이거 직장 나가 돈까지 벌게 하면서 집에서는 나를 자발적 하녀로 쓰려고 꼼수를 부리는 거 아니야?' 하는 의구심에 씩씩대기도 하지만 그 많은 세월이 흘러도 목소리 한 번 크게 높인 적이 없는 그의 인내심과 노력을 높이 사기로 했다. 내가 손을 든 것이다.

혹자는 그가 바보냐고, 대책 없이 순해 빠진 거 아니냐고 묻는 이도 있겠지만, 절대 아니다. 제삼자에게는 상대의 지위고하를 막론하고, 아니 제 밥줄을 쥔 맨 꼭대기 직장상사일지라도 똑 부러지게 할 말을 해내는 사람이다.

늘 평소보다 더 낮은 음성으로 자신의 분노를 조용하게 전해 사태를 유리하게 이끌기도 한다. 상대 가슴에 크게 상처를 내지 않으면서. 그러니 그가 오래전에 선서한 '신성한 결혼의 의무'를 의지적으로, 열심히 해내고 있는 사람이라고 해줘야 맞다.

일찌감치 부모의 결혼생활에 회의가 들어 '비혼(非婚)의 정당성'을 입버릇처럼 되뇌다 부모로부터 합법적 탈출을 하기 위해 결혼을 감행한 그 여자, "언제든 벗어날 수 있어야 한다"며 혼인신고까지 미뤘던 그녀가 이제 '결혼의 유용성'에 대해 한마디 하고 싶다며 나섰으니 그 남자의 절대적 압승을 부인할 여지가 없다.

연륜이 거미줄처럼 온 얼굴에 덮여가는 지금, 그녀가 뭐 그리 예쁘다고 그 남자가 늘 당하고 있는 것인지 미안해지기까지 한다. 때로는 말이다. 그의 '의지적 사랑'에 감사하면서.

남들이 보기엔 그럭저럭 살고 있지만 심판대에 오른 결혼이라는 제도의 오른손을 번쩍 들어줄 생각이 있으니 그녀의 삶에 대한 평가는 스스로 긍정적이다.

그녀 스스로 "그만하면 결혼 선택의 '가성비'가 높다"고 자위한다. 솔직히 별로 들인 노력도 없으니 이만하면 양심적 자평 아닌가 자문하면서. 요즘 같이 살벌한 세상에.

요즘 결혼이 심판대에 올라 심히 고전 중이다. 개인이나 사회의 최소 안전망으로 여겨져 왔던 결혼이 이제 그 효용성에 의문을 갖는 젊은이들에 의해 도전받고 있다. 결혼은 이제 필수가 아닌 선택인 것이다.

아예 결혼을 염두에 두지 않는 비혼족도 점차 크게 늘어가고 있다. 또한 결혼에 이르러 지난 세월을 부부로 살아낸 사람들도 이 안전망을 깨는데 주저하지 않고 있다.

60이 넘은 노년의 '황혼 이혼' 역시 크게 상승하고 있으며 필요에 의해 결혼 상태를 유지하되 따로 독립적인 삶을 유지하겠다는, 결혼 졸업 상태인 '졸혼(卒婚)' 역시 사회적으로 문제화되고 있다.

통계청 자료가 이를 잘 입증하고 있다. 그에 따르면 2016년 결혼 건수는 28만1천6백 건이다. 이는 2015년보다 2만1천2백 건(7%) 감소한 것으로, 통계청 집계 시작 이후인 74년 이후 42년간 가장 낮은 기록적 수치라고 한다.

아예 출산을 포기하는 악순환도 심해지고 있다. 출산율은 OECD 국가 중 최하위를 기록하고 있다. 당연히 무조건 해야 하는 행위로 여겨져 왔던 것들이 도전받고 있다. 삶에 비효율적이라면 결혼과 출산 역시 폐기해야 하는 대상으로 인식돼 주저함이 없는 것이다.

'행동경제학의 대가'라고 불리는 게리 베커 교수(노벨경제학상 수상,

1930-2014, 미국 시카고대 교수 역임) 역시 같은 견해를 피력한다. 그는 "인간의 모든 행동이 효용을 극대화하려는 합리적 선택의 결과이다. 이제 결혼도 예외가 아니다"라고 단언했다.

인간의 모든 선택이 '편익과 비용의 비교 결과'에 따른다는 경제학의 관점에서 보면 '결혼은 그를 통해 얻을 수 있는 만족이 독신일 때 얻는 만족보다 클 것이라는 기대가 전제돼야 가능한 것'이라고 보는 것이다.

그런 관점에서 보면 요즘 저성장과 실업, 주거 불안이 어두운 그림자를 던져주는 한국 세태는 이제 '3포(연애, 결혼, 출산을 포기) 세대'라는 명칭이 자연스럽게 회자될 정도로 비효율의 극치인 것이다. 젊은이들의 반 이상이 결혼을 선택의 대상으로 보고 있다.

결혼은 흔히, 해도 후회하고 안 해도 후회한다고 한다. 또 결혼은 연애의 무덤이라고 한다. 하지만 결혼을 신물 나게(?) 겪어본 자의 입장에서 보면 결혼은 경제학의 단순 계산으로 풀리지 않는, 그 이상의 대상이다.

사랑하는 두 사람이 결합해 아이를 낳고 가족을 이루면서 국가를 구성하는 최소 집단이 되는 일이고 국가를 유지하는 것, 그 이상으로 중요한 일이다.

국가의 존망 이전에 한 인간 자신, 그리고 가족을 안정적으로 이끌어 개인의 삶을 행복하게 하는 필수 요소이기 때문이다. 이에 더해 사회의 행복한 일원이 돼야 그가 몸담고 있는 사회의 안녕과 국가의 발전에 기여할 수 있는 토대가 될 수 있기 때문이다.

사랑의 의지와 노력의 기회조차 원천적으로 차단되고 잃어버려서야 되겠는가. 행복하고 안정적이지 못한 개인이나 가족은 사회 불안 요인이 되고 결혼 기피로 인한 인구 감소는 국가 경쟁력을 저하시키는 부정적 역할을 하기도 한다.

사회적 동물인 인간들의 최소 집단인 가족을 통해 행복을 누려야 행복한 사회가 존재한다는 것은 선순환이며 모두가 '윈-윈'하는 결과를 가져올 것이다.

나는 이미 수십 년을 결혼의 울타리 안에서 울고 웃었던 선험자로서 결혼에 대해 하고 싶은 말을 담았다. 《내 사랑 웬수, 결혼이 뭐길래》, 이 책의 저작 동기다.

졸저를 통해 남녀 간의 사랑과 갈등, 복닥거리면서 삶의 맛과 행복을 찾아가는 여정, 그래서 결혼은 해볼 만한 것이라는 것, 또 진정한 행복을 가져다주는 가족의 가치와 소중함을 그려 전달할 수 있다면 나 자신 개인의 큰 보람이며 행복이리라.

　너무 심각하게 인상 쓰지 말고, 결혼해 지지고 볶는 한 인간의 세월을 들여다보면서 결혼이 설사 최선은 아니더라도 차선이나 혹은 최악을 피하는 방편으로도 한 번 고려해볼 수 있겠다는 생각이 들었으면 하는 바람이다.

　언제나 묵묵한 인내로 아내의 변덕을 받아주더니 급기야 그녀가 자발적으로 '결혼 유용론'에 대한 집필에 나서게 한 남편에게 이 기회를 통해 감사를 전한다. 아주 곰삭은 발효음식 같은 맛깔스러운 동지애로 그와 나머지 여정도 오순도순 행복하게 걸어가길 기대하면서!

2017년 여름, 너섬 한강변에서
고 혜 련

차례

들어가며 4

Part I.
🍒 결혼, 해야 하나 말아야 하나

사랑 그리고 결혼이란? 16
결혼, 차선(次善), 차악(次惡)도 방법이다 25
결혼, 하면 이런 게 더 좋더라 29
결혼, 하지 말아야 할 이유 37
부부란 이런 사이 44
어느 부부의 사랑 이야기 47

Part II.
🍒 달라지는 세상, 변하는 결혼 풍경

세상의 변화, 싫으면 떠나라 54
결혼은 필수 아닌 선택이다 61
결혼은 미친 짓? 71
예비 신랑에게 보내는 어머니의 편지 78
축복받는 결혼의 조건 - 내 덕을 보게 하리라 86
결혼의 첫 관문, 상견례 - 시작부터 조심하라 95
사랑의 유효기간은 3개월 - 3개의 문을 통과하라 103

결혼 축하합니다 108

Part III.
🍒 당신, 언제 철들래?

수퍼우먼을 포기하라 116
딴 주머니를 차라 121
집에서 놀고 있다고? 127
위대한 엄마, 곧 아내로 리턴 131
왜 아들만 챙기느냐고요? 136
뒤늦은 홀로서기 141
여자도 아내가 필요해 145
닭살 부부가 부럽다고? - 우리 부부는 남매지간 153
성생활, 알면서 모르는 척, 아니까 더 좋은 척 162
어느 비루한 남자들의 사랑법 167
남자들은 다 그래 - 착각하지 마라 172

Part IV.
🍒 내 사랑 웬수, 아직도 그대는 내 사랑

부부 싸움, 칼로 물 베기 아니다 180
잔소리도 이혼감 184

아내의 존재 이유?	188
남편, 제일 가깝고도 먼 사이	192
비교 대상에서 감탄 대상으로	195
생산적인 벤치마킹	200
'루저'와의 동거	203
'버럭이'는 칭찬과 침묵으로 다독여야	208
사랑하는 사람에게 할 예쁜 말들, 하지 말아야 할 미운 말들	213
요리하는 남자가 아름답다	217
남편의 새 포트폴리오	221
홀로 떠날 자유를 허하라	226
당신을 설레게 할 수 있다면	230
닦고 조이고 기름치자	235
여성은 정신적 동물이다?	239
내 탓이다 미안하다	243
이웃방 하숙생, 편한 당신이 최고	247
숙명의 결합, 초심을 잃지 말자	252
내 감정 휘어잡기 - 위기관리 십계명	258
메멘토 모리 - 그 사람	262
사랑도 행복도 연습이다	267
마치면서	271

- 사랑 그리고 결혼이란?
- 결혼, 차선(次善), 차악(次惡)도 방법이다
- 결혼, 하면 이런 게 더 좋더라
- 결혼, 하지 말아야 할 이유
- 부부란 이런 사이
- 어느 부부의 사랑 이야기

Part I.

결혼, 해야 하나 말아야 하나

사랑 그리고 결혼이란?

이 세상에서 가장 많이 쓰이는 단어가 무엇일까?

사랑이다. 설사 아니어도 좋다. 그러나 적어도 동서고금, 남녀노소를 막론하고 가장 많이 쓰고 싶은 단어가 사랑일 것이다.

너무 많이 쓰여 어떤 이들은 자기들의 특별한 사랑에 다른 이름을 붙여보고 싶어 우회적 표현을 써보며 안달하지만 그 맛이 안 나서 결국 결정적인 순간에 식상하고 식상할 듯한 '사랑'이라는 말을 내뱉는 것이다.

'사랑해, 죽도록 사랑해'가 아마도 심장을 터지게 하는 사랑을 표현하는 최상급 언어일 것이다. 오죽하면 정신이 혼미해 죽으면서까지 유언으로 남기는 말에도 '사랑'이라는 단어가 가장 많이 쓰일까. 제정신이 아닐 때 뱉어내는 말의 최상급이 '사랑'이라 해도 과언이 아닌 것이다.

사랑에도 여러 종류가 있으나, 특히 남녀 간에 불타는 사랑은 겪어본 사람이 아니면 감히 표현조차 할 수 없는 특이한 감정이리라. 그래서 숱하게 편지를 쓰는 것이다. 그 심장을 쥐어짜는 듯한 감정을 달리 전할 방법이 없으니 이리 쓰고 저리 쓰면서 그 심정에 가장 근접한 표현을 자꾸 전달해보는 것이리라.

사랑이란 단어의 사전적 정의는 이렇다.
어떤 사람이나 존재를 몹시 아끼고 귀중히 여기는 마음.
이걸 접하면 소금간이 전혀 되지 않은 듯한 이 싱거운 정의가 '어림도 없다'는 기분이 들게 한다. 물론 뭐 틀린 말은 절대 아니다. 아니 한 세월, 한 걸음 물러나 보게 되면 그게 더 맞는 정의일 수도 있다.

사랑은 사람을 왜 그리 미치고 숨 막히도록 하는 걸까 하는 생각에 이른다. 이리저리 머리를 굴려보지만 아직 완전할 만큼 만족스러운 대답은 찾지 못한다. 그 탓에 세상에는 사랑을 표현해보려는 전 세계 대문호(大文豪)들의 우회적, 사전적 표현도 넘쳐난다.

이 글의 저자 고 아무개는 그 사랑의 속성이 가변적이고 사멸하기 때문이라고 말하곤 한다.

"사랑은 변하네/그래서 우리는 사랑에 매달리네/그 가변성에 그 단명함에 그 무모함에/숨 막힘의 열정이 매력이 눈물이 환희가 있으니까/변하지 않는 사랑은 조화처럼 향기가 없네/사랑이 영구하다면 우린 울고 웃지 않네/죽지 않는 생명, 사멸하지 않는 사랑은 더 이상 생명이, 사랑이 아니네"

— 고혜련의 시 '사랑이여 오라' 중에서

    사랑의 속성을 언급한 것이다. 물론 이 사랑은 남녀 간의 사랑을 의미한 거다. 살다 보니 사랑의 범주 안에는 여러 종류의 사랑이 있음을 알았기에 하는 소리다. 미칠 듯 빠져드는 단명한 사랑은 중요하다. 그 눈먼 사랑이 결혼이나 육체적 사랑을 하게 해 다른 사랑과 생명을 잉태하는 씨앗이 되기에…….

    사랑에 빠지면 모두 어떻게 돌변하는지 다른 이의 얘기도 한 번 들여다보자.

"주고받은 며칠 전 메시지들을 되찾아보며 바보처럼 웃게 되면 사랑에 빠진 거다. 누군가를 바라보며 아무 이유 없이 공연히 실실 웃게 되면 사랑이다. 공짜는 아니다. 가슴으로 대가를 치러야 한다. 모든 사람에게 모든 것이 될 수 없다. 누군가 한 사람에게 모든 것이 돼야 한다. 사랑에 빠지기는 쉽지만, 그 사랑에 머무는 데는 노력이 필요하다."

올해 초, 한 주요 일간지의 윤 모 기자가 남녀 간의 사랑에 대해 지면을 통해 일필(一筆)한 것이다. 그 어떤 이가 사랑에 대해 쓴 글보다 현실적이고 진솔하게 다가온다. 50대 중년인 그가 '혹시 지금도 사랑 중?'하는 느낌이 올 정도로 리얼하다.

물론 지독하게 가슴앓이했던 지나간 사랑에 대한 회상일 수도 있겠다. 실시간대 진한 체험에서 우러나온 듯한 그의 얘기를 더 들어보자.

"내가 사랑하는 사람은 매일 만나는 사람이 아니라 매일 두리번거리며 찾게 되는 그 사람이다. 사랑은 다 타고 난 뒤에도 남아야 사랑이다. 예쁜 꽃들이 너와 나의 가지에서 다 떨어진 후에 '아, 그렇구나. 원래 우리는 한 나무였구나!'라고 해야 사랑이다.

두 몸에 깃든 하나의 영혼으로 만들어지는 것이 사랑이다. 지금이 꿈속보다 더 좋아서 잠들 수 없으면 그거 사랑이다. 사랑의 산수(算數)에서는 1 + 1 = everything, 2 - 1 = nothing이다. 당신의 과거를 잊게 해주는 사람이면 당신의 미래가 될 사람이다. 사랑은 갖기에 가장 아름다운, 얻기에는 가장 어려운 잃기엔 가장 고통스러운 것이다."

그의 전언은 매우 설득력이 있다. 동서고금을 막론하고 사랑에 대한 명언들은 셀 수 없이 많지만, 윤 모 기자의 표현은 그 어느 대단한

글쟁이가 사랑에 대한 깊은 체험적 진리를 일갈한 아포리즘에 결코 뒤지지 않는다.

"진짜 유일한 마술, 유일한 힘, 유일한 구원, 유일한 행복, 사람들은 그것을 소위 사랑하는 것이라고 부른다."

1962년까지 85세를 살면서 낭만과 철학이 가득한 시와 소설로 전 세계인의 마음을 사로잡았던 헤르만 헤세. 그는 '사랑이라고 부르는 것'에 대해 이렇게 말했다. 사랑 자체보다는 사랑의 허상. 사랑에 대한 염원에 대해서라고 해야 맞을 것이다.

글을 쓰든 작곡을 하든 미술을 하든 소위 '표현하지 않고는 못 배기는 예술'의 원동력이 사랑이었음을 한순간이라도 인식한 이들이라면 사랑이 폭풍우처럼 몰고 오는 위대한 변화에 대해 말하지 않고는 못 배겼으리라.

그러나 당장 사랑에 빠진 사람들 그리고 사랑의 상처로 죽음까지 생각했던 사람들, 그 사랑의 위대성을 믿고 결혼을 하여 한 세상을 살아낸 사람들, 사랑의 보금자리로 믿었던 결혼생활이 배우자의 배신으로 산산조각이 났던 경험을 한 사람들의 사랑에 대한 소회는 하늘과 땅 차이처럼 다를 것이다.

사랑의 속성에 대해 그리고 승화된 사랑에 대한 윤 모 기자의 말은 여전히 강력하다.

"누군가와 사랑에 빠지는 것은 의도해서가 아니다. 중독되는 것이다. 사랑이라는 단어가 많은 사람 입에 오르내리지만 가슴에 영원히 머무는 경우는 그리 많지 않다. 떠났다가도 돌아오면 내 것이고, 있다가도 떠나면 남의 것이다.

사랑에 빠지는 건 우연이지만 사랑은 찾아내는 것이 아니라 찾아오는 것이다. 찾는다고 찾아지는 것도 아니고, 간절히 바란다고 이뤄지는 것도 아니다.

장미는 누구나 사랑한다. 하지만 그 이파리와 가시까지 사랑해주는 데는 많은 노력이 필요하다. 예쁘고 멋있어서 사랑하는 것이 아니라 사랑을 해서 예쁘고 멋있게 만들어가는 것이 사랑이다. 누군가의 사랑을 받으면 힘이 생기고, 누군가를 사랑하면 용기가 생긴다. 아름다운 사람을 고르지 말고, 내 인생을 아름답게 만들어줄 사람을 선택해야 한다."

이 자리를 빌려 윤 모 기자, 그의 예리한 감성에 박수를 보낸다.

한국 독자에게도 매우 친숙한 영국의 작가 알랭 드 보통(49)의 얘기도 들어보자. 그는 지난해 봄, 《낭만적 연애와 그 후의 일상(The Course of Love)》이라는 책을 출간하면서 한국의 독자들에게 이렇게 말한 적이 있다.

"현대의 젊은이들은 결혼을 앞두고 완벽한 배우자를 구하겠다는 마음을 갖는다. 이때의 완벽한 사람이란, 나와 똑같이 생각하고 느끼고 행동하는데, 성(性)만 다른 사람이다.

눈먼 사랑 이후 결혼의 실상에 대해 얘기하려 했던 그는 이건 불가능에 가깝다는 얘기임을 말하고자 한다. 작가는 이미《왜 나는 너를 사랑하는가》등의 작품을 통해 남녀의 사랑과 이별의 감정을 섬세하게 분석해 젊은 독자들의 사랑을 받아온 사람이다.

《낭만적 연애와 그 후의 일상》이라는 소설은 열렬하게 사랑한 두 사람이 결혼하고, 아이 둘을 낳고, 부부 생활 16년 차에 이르기까지의 이야기를 담았다.
어느 평범한 부부의 결혼을 통해 사랑의 실체를 조망하는, 즉 '이혼도 하지 않고, 살인사건도 일어나지 않고, 지루하게 지속되는 러브스토리'인 것이다. 주변에서 흔히 볼 수 있는 여느 부부들처럼 이들은 서로 소리 지르고 비난하고 권태로워하며, 심지어 불륜도 감행한다.

이 책에서 사랑 이후 부부들의 이야기를 다룬 알랭 드 보통은 "많은 부부가 낭만적으로 사랑해 결혼하지만 실제 생활에선 어려움을 겪는다. 그런 부부들에게 무엇이 필요한지 얘기해주고 싶었다"면서 "사랑은 감정이 아니라 기술이다. 자기 자신에 대한 지식을 넓히고 남들과 관계를 유지하는 법을 배워야 한다"고 했다.

사랑과 결혼에 대한 환상을 그는 여지없이 뭉개버린다. "이를테면 체리나무 아래에서 서로 말없이 걸으면서도 '통한다'고 느끼는 이런 사랑은, 말도 안 된다"고 일갈한다.

사랑의 속성에 대해 천착(穿鑿)해온 그는 "결혼이란 자신과 다르게 생각하고 느끼는 사람을 받아들이고 이해하는 과정"이며 "사랑의 범위를 확장하는 것, 같음이 아니라 다름을 사랑하는 게 진정한 사랑"이라고 못 박는다. 즉, 서로가 완전하게 일치하는 쏘울 메이트는 없는 만큼 성숙한 인간관계를 맺는 게 사랑의 바탕이 되어야 한다는 주장이다.

그가 말하는 결혼의 적정 시기는 "실망스러운 삶을, 서로 간의 차이를 수용할 정도로 강해질 때"이며 상대를 고를 때는 "어떤 종류의 고통을 흔쾌히 견딜 수 있느냐를 결정하는 문제가 된다"는 것이다.

말 많고 탈 많은 '결혼살이'를 수십 년간 끈질기게 해내면서 가끔 스스로 놀랄 때가 있다. 이렇게 전 생애를 쏟아붓는 결혼생활, 그리고 새 생명을 탄생시키고 주위 많은 이들의 인생에도 지대한 영향을 미치는 이 엄청난 일을 내가 당시 너무도 쉽게 결정해버렸다는 데 대한 것이다. 무엇이 그런 결정을 하게 만들었을까? 왜 그렇게 됐을까? 결혼하지 않으면 못 배길 사랑에 빠졌던 것도 아닌데 말이다.

한 번도 경험해본 적 없는 미래의 아득한 세월이 각본도 없이 상상 밖의 일로 주야장천(晝夜長川) 펼쳐질 판인데 그 엄청난 위중함이 감이 안 잡혀 용감해진 것일까?
흔히 말하는 결혼 적령기를 넘겨 부모님과 주위의 압박이 편치 않은 데다 그때쯤이면 보호자의 품으로부터 독립해야만 할 것 같은 초조함이 맞물려 '일단 지르고 보자'는 심산이었을까?

반쯤은 맞는 것 같다. 그 사정을 가늠하기 어려운 큰일이나 실체가 느껴지지 않는 큰돈은 의외로 쉽게 결정해 질러버리는 경우가 왕왕 있으니까. 또 여러 여건이나 생각들이 대충 엇비슷하게 맞아떨어지는 '타이밍'이라는 것이 필연처럼 작동하는 게 아닐까.
"결혼이란 '사랑해서'라기보다 '사랑하기 위해서' 하는 것"이라는 말은 이런 엉성한 결정자들에게 큰 위안이며 긴 생애를 견디게 하는 아주 좋은 명분인 것이다.

결혼, 차선(次善),
차악(次惡)도 방법이다

누가 말했던가. "결혼은 흔히 해도 후회하고, 안 해도 후회한다"고. 또 "결혼은 연애의 무덤"이라고……. 수십 년간 지지고 볶으면서 결혼 생활을 유지해온 많은 이들은 누구나 이런 촌철살인의 표현을 한 그들에게 경의를 표하게 되리라. 나 역시 예외가 아니다.

나는 무엇보다 인간이라는 동물에 대한 이해가 필요하다고 생각하는 사람이다. 인간 그들에 내재된, 유전적으로 물려받은 속성에 너무 높은 기대를 하지 말라고 주문한다. 인간은 자신의 환경에 적응하고 생존하기 위해, 즉 그 자신의 개체 유지를 위해, 더 나아가 종족 유지를 위해 조물주가 그의 생존에 유리하고 이기적인 심리적, 육체적 알고리즘을 장착하게 한 아주 매우 섬세하고 불가사의한 생명체가 아닌가?

인체와 그에 담긴 마음의 신비를 절감하면서 '도대체!'를 연호해본 사람이라면 이해하고도 남을 것이다.

피 한 방울 만들지 못하는 인간이 일생을 입고 다니는 그 불가사의한 육체의 불수의(不隨意) 작동, 기막힌 초정밀성을 보라. 게다가 남녀 두 인간 동물은 다르게 설계되고 만들어졌다. 그 안에 담겨진 마음도 다르다.

태고 때부터 변화무쌍한 환경에 적응하고 진화해 지금까지 살아남은 인간 남녀의 몸에 흐르는 유전적 DNA의 차이를 잠시도 잊지 말자.

그 오래전, 광활한 들판을 누비며 맹수와 겨루면서 먹을 것을 쟁취한 수렵채취형 DNA를 전수(傳受)한 남자와 그들이 가져온 것으로 먹고 입을 것을 안전한 집안에서 준비하는 일을 맡아온 가내수공업형 DNA를 기본 엔진으로 가진 여자의 동거, '화성에서 온 여자와 금성에서 온 남자'의 결합.

오랜 환경의 결정물이기도 한 남자 사람과 여자 사람은 다르고 다르다는 것을 기필코 잊지 말아야 한다. 그 남자, 그 여자는 그래서 그토록 다르게 행동하는 것이다.

"결혼에 충실하겠다는 이유로 배우자를 지배하려 하지 말고 독립성을 인정하라. 지나친 의존은 지배와 복종을 낳고 궁극적으로는 부부관계를 와해시킨다."

남이 보기에는 미적지근하지만 아주 오랜 친구 같은 좋은 관계를 유지해 만족도가 높은 부부들이 결혼생활의 금과옥조인 듯 공통적으로 하는 얘기다.

"중요한 것은 사랑을 받는 것이 아니라 사랑을 하는 것(서머셋 모음)"이며 "사랑한다는 것은 관심을 갖는 것이며 존중하는 것, 사랑한다는 것은 책임감을 느끼는 것이며 이해하는 것이고 사랑한다는 것은 주는 것(에리히 프롬)"이 결혼으로 새 삶을 열어가야 할 남녀의 '사랑의 기술'임을 깨닫고 실천하는 것이 해법이다.

이와 함께 '세상에 완벽한 사랑과 결혼은 없다' '같음이 아니라 다름을 사랑하는 것이 진정한 사랑'이라는 생각과 각오로 임하면 그 결혼, 한 반쯤은 성공할 확률이 있다.

어느 한순간 사랑에 눈이 멀어 결혼의 문지방을 넘는 남녀가 그들에게만은 완벽한 사랑과 결혼이 가능할 거라고 믿는 그날부터 문제는 시작된다.

백번을 잘 해줘도 그건 별로 기억하지 않고 단 한 번의 섭섭함을 이유로 떠나버리는 게 인간이다. 애초부터 그렇게 만들어져 세상에 던져졌으니 그들 자신도 어찌할 수 없는 것이리라.

결혼을 깊이 통찰한 심리학자 아놀드 라자루스는 그의 저서 《결혼의 신화》에서 "결혼은 서로의 삶에 돌진하지 않고 신뢰하며 끊임없이 노력하는 것"이라며 "한때의 낭만적인 사랑이 좋은 결혼생활을 보장하리라는 환상을 버리라"고 조언한다.

결혼은 신데렐라의 꿈을 실현시키는 환상적 이상 세계가 아니다. 그건 고단한 인생 여정이니 두 사람이 힘을 합해 그럭저럭 헤쳐가라고 마련된 현실 생활의 한 제도이며 방편인 것이다.

너무 기대하지 마시라. 결혼은 최선이 아니고 차선이거나 최악을 피하는 방법이다. 세상에 최선만이 유용한 것은 아니고 그렇게 완벽한 최선은 이 세상에 없다. 기필코!
최악을 피할 수만 있어도 쓸 만한 거 아니겠는가.

결혼, 하면 이런 게 더 좋더라

 이 지구상의 남녀들이 때가 도래하면 거의 매일 머리를 쥐어뜯다시피 하며 '할까 말까'를 고민하는 결혼. 과연 결혼을 하면 무엇이 좋은 걸까?

 '뭐 해도 후회, 안 해도 후회라는데 까짓거 일단 해보고 후회하는 게 그래도 좀 낫지 않을까?' 혹은 '언제든 물러도 되는 거니까 아예 안 하는 것보다는 덜 후회스럽겠지?'

 이런 고민 한 번 해보지 않은 청춘남녀들은 거의 없으리라. 그러다 운 좋게 혹은 운 나쁘게(이건 운이라는 말 외에는 달리 적합한 말이 없다. 왜냐구? 사랑은 의도해서, 계획해서 오는 게 아니라 어느 날 부지불식간에 덮쳐오는 쓰나미 같은 거니까) 사랑에 눈이 멀면 순식간에 고민의 1막이 닫히게 된다. 무작정 결혼하고 보니까.

하지만 사랑의 덫에 걸리지 않는 한 아마도 결혼에 대한 고민은 시장에서 상품 가격이 형성돼 있는 한 처절하게 지속되리라. 사랑에 일단 빠지면 거기서 계산이라는 게 무의미하다는 건 다 안다. 하지만 그래도 목숨이 불꽃처럼 단명한 사랑에서 빠져나올 즈음, 그 대가를 지불하기 위해 혹은 행복 같은 것이 딸려오지 않을까 해서 다시 결혼 여부를 고민하는 사람들이라면 그래도 이 기회에 한 번 따져보자.

이건 사랑의 덫에서 빠져나와 어지간히 정신을 차린 남녀에게만 읽히는 제안이라 생각하고 쫀쫀하다 비웃지 말기다!
언뜻 보기에 소소하고 구차하지만 세상의 행복과 불행도 어차피 그런 곳에서 출발하니까. 그리고 결혼은 엄연한 세상사 현실이니까!

결혼을 하면 좋은 점이 뭘까? 뭐 많겠지……. 그래도 막상 좋은 점을 얘기하라고 하면 갑갑해지기도 한다. 그래도 결혼을 해서 온갖 희로애락을 꿋꿋하게 헤쳐 온 몇몇이 굳은 머리를 맞대고 좋은 점을 찾아냈다. 그대가 동의하든 말든…….

우선 "결혼 언제 하니?"라는 질문을 안 받으니 좋다. 일종의 명절 증후군이기도 한 이런 스트레스에서 벗어날 수 있어서다. 해마다 보는 사람마다 해대는 이 질문, 당해본 사람이 아니면 모른다나.

결혼을 하면 뭐니뭐니해도 심리적으로 안정이 된다. 서로를 유혹하러 다니지 않아도 되기 때문이다. 아니 포기하기 때문이다. 남자든 여자든 결혼하면 대체로 얼굴이 좋아진다. 결혼 초기에는 밤낮없는 애정행각에 신랑의 수척해진다 하나 곧 심리적 안정감에 살이 찐다는 게 정설이다.

합방이나 합궁이 사회적으로 정당화되고 추천(?)된다. 어두운 밤 뒷골목에서 남의 눈치를 보면서 하는 애정행각이 더 이상 필요 없게 된다. 물론 그 때문에 사랑이 식어 보이기도 하는데 "이미 잡은 물고기에 밥 주랴"는 말은 그래서 나온 것이렷다.

언제 어디서나 상대방에게 매력적으로 보이려고 신경을 날카롭게 하지 않아도 된다. 점차 차원이 다른 매력으로 진입하게 되는 시점이 결혼이다. 헐렁한 바지도 오케이다. 너무 루즈해지면 좀 곤란하긴 하지만 말이다.

자타가 공인하는 신혼여행이라는 걸 갈 수 있다. 면사포는 안 써도 되지만 (내 생각에) 신혼여행은 꼭 가봐야 한다. 그 여행 이야기, 남자 친구 녀석들은 목 빼고 기다리니까.

무엇보다도 둘 사이에 태어난 아이가 미등기가 아닌 정식 등기된 자식이 된다. 떳떳하게 학교도 보내고, 아이들에게 법적으로 떳떳한 부모가 될 수 있다.

이건 장점이자 단점인데 헤어지기가 쉽지 않다. 계약 파기가 쉽지 않다는 것이다. 무를 수는 있지만 단순 변심으로는 곤란하다. 상대방의 큰 하자가 있어야 한다. 흔히 정조의무를 다하지 않았거나 사회적으로나 도덕적으로 신의성실에 위배되었을 때에만 무를 수 있다.
그리고 무르고자 할 때에는 너무 많은 고통이 따른다. 돈도 많이 들고 육아권 등 뒤처리가 만만치 않기 때문에 헤어지기 쉽지 않다.

사회적으로 호칭이 여럿 생기고 배우자의 지위가 내게도 반영된다. 누구누구 부인 또는 누구누구 남편이라고도 한다. 한쪽이 올라가면 덩달아 호칭을 부여받는다. 사모님이 우선 일상적인 것.

가족이 급격히 늘어나서 좋다. 물론 좋은 가족을 전제로 한 것이지만. (그렇지 않았을 때에는 사실 그 피해가 가늠할 수 없을 정도) 무엇보다 피를 나누지 않고도 가족이 될 수 있는 유일한 방법이 결혼이다. 예부터 정략결혼이라는 말이 그래서 생겼듯이.

사회적 네트워크가 급격히 확장되는 시작점이 결혼이다. '시월드'라고 불리는 시가 쪽만이 아니라 요즘은 처가 네트워크 활용도 만만치 않다. 따지고 보면 사돈의 팔촌이라는 말의 사돈은 그 시작이 결혼이 아니겠는가.

친구 또한 급격히 늘어난다. 부부 동반으로 모임을 갖다 보면 배우자의 친구들의 배우자가 내 친구가 될 수 있기 때문이다.

각자의 생활비를 절감할 수 있는 방법이 결혼이다. 집을 같이 쓸 수 있어 주택비가 절감된다. 식비도 숟가락만 하나 더 놓으면 되니 당연히 절감된다. 그뿐이랴……. 에어컨도 같이 쐬면 되니 이 또한 절감이다. 각자 보던 TV도 사실 한 대면 되니 이 또한 절감.

법적 공동체로 인정받아서 국가로부터 받는 혜택이 많다. 그중에서도 각종 세제 혜택이 있어 좋은데 예를 들면, 연말정산 때에 부양가족으로 인정받아 소득공제가 가능하다.

보험 혜택도 많다. 자동차보험에서도 부부 한정으로 가입하면 둘이 각자 드는 것보다 가성비가 좋다. 건강보험에서도 피부양자로 등록할 수 있어서 한 사람의 건강보험료는 스킵할 수 있다. 그 밖에도 여러 가지 있다. 지금 당장 생각이 안 나는 것뿐이다.

배우자 부모님 재산의 일부 또는 전부가 내 재산이 될 수 있다. 너무 세속적인 얘기이긴 하지만 결과적으로 그렇다는 거다. 경우에 따라 정치인의 경우 선친의 지역구도 물려받을 수 있다.

배우자는 상대에게 법적으로 당당하게 증여할 수 있다. 부부라면 10년 사이에 6억 원까지 증여세 없이 넘겨줄 수 있다.

항상 배우자는 나의 뒷모습을 지켜준다. 서로에게 코디네이터가 되어주고 내 뒤에도 눈이 달린 것처럼 내 행동과 말에 대해 솔직하게 모니터링을 해준다.

심야영화를 보고 싶으면 배우자는 언제든지 대기하고 있는 대기조이다. 취미가 맞는다면 언제든지 함께할 수 있는 대기조가 배우자다.

또한 언제든지 내 귀지를 파줄 수 있고, 내 등을 긁어줄 수 있는 거의 유일한 사람이 배우자이다. 죽어서는 원할 경우 묏자리도 함께 쓸 수 있는 사람이다.

항공사 마일리지를 공유할 수 있다. 우리나라의 항공사들은 가족 특히 부부 마일리지 합산 정책을 쓰고 있어 언제든지 서로 함께 쓸 수 있다.

혹시라도 내가 피의자일 때, 유일한 증인이 내 배우자라면 그 배우자는 법적으로 증인이 될 수 없어 내게 유리할 수도 있다.

그러나 무엇보다 중요한 건 의지적인 사랑을 하게 된다는 점이다. 첫눈에 반한 사랑도 있지만, 진정한 사랑은 상대방을 사랑해야 하겠다는 의지적인 사랑이라고 한다. 결혼을 하면 한쪽 눈, 한쪽 귀, 아니 두 눈, 두 귀 다 막고 배우자를 사랑할 수 있게 된다는 점이 좋다.

또 있다. 말년의 고독을 덜어줄 수 있다. 늙으면 멀리 사는 친구는 그림의 떡이다. 자식은 그 아이 배우자 소속이다. 사람은 고독한 존재다. 삶의 흐름이 노년기엔 더욱 그렇게 돼 있다. 그렇지 않은 사람도 있다고 치자. 항상 평균치를 얘기하자는 거다.

함께 독신을 고집하던 친구들은 어느덧 하나 둘 떠나고 그들의 생활은 가족단위 위주로 변한다. 삶이 부부 중심주의로 치닫고 자식을 낳은 후 그 자식이 결혼을 해 다시 손주가 태어나면 독신인 사람과는 전혀 다른 삶의 패턴을 유지해야 하니 자연히 관심사도 다르고 대화가 겉돌기 마련이다. 육신의 건강이 쇠약해지면 더욱 가족 중심적이 되어간다.

자! 이만하면 보험에 가입하듯 결혼을 한 번 생각해보는 것도 괜찮지 않은가. 남녀 간의 순간적인 불타는 사랑을 벗어나 의지적으로 사랑하기 위해, 사랑을 노력하기 위해, 사랑을 연습하기 위해, 결혼하면 좋지 않겠는가.

삶의 모든 무게와 고통으로부터 우리를 자유롭게 하는 한 단어, 그게 바로 사랑이라고 까마득히 우리의 앞선 세대를 살다간 현자들이 그렇게 말하지 않던가.

남녀 사이를 포함해 모든 관계의 사랑만이 우리를 행복하게 하고 구원한다고 세상의 모든 일들은 매일 조용히 웅변하고 있지 않은가. 성숙한 이들은 그 침묵의 소리를 잘 듣고 실행하리라.

정 조율이 안 되는 남녀의 만남이라면 서로를 위해 헤어지는 게 정답이다. 단 확신이 들면 일찌감치 무르면 그나마 최악을 피할 수 있다. 검은 머리 파뿌리가 되도록 싸우면서 사는 게 정답은 아니다.

매일 싸우는 부모 밑에서 자라는 아이보다는 편모, 편부 밑에서 편한 마음으로 자라는 게 차라리 정서적으로 낫다는 조사 결과도 있으니 말이다.

결혼, 하지 말아야 할 이유

그야말로 결혼의 단점이다. 동서를 막론하고 인류가 유사 이래 가장 끈질기게 시행착오를 거듭한 결혼, 하지 말아야 하는 이유도 한 번 살펴보자.

인간이란 게 사실 너무나 엉성하다. 옷도 맘에 드는 것을 고르고 싫은 것을 제쳐놓기 위해 인터넷 쇼핑몰도 뒤지고 백화점을 순례하기도 하면서 과연 일생의 명운을 가를 인륜지대사, 결혼에는 얼마나 치밀했나 살펴보면 이제야 한숨이 나온다.

물론 워낙 큰 일은 감이 안 잡히는 법이다. 그 긴 인생 여정이 어떠하리라고 말이다. 어차피 잘 모르겠으니 '에라이'하는 심정으로 저지르는 거다.

마치 천문학적 숫자의 돈은 만져본 적도 없고 숫자로만 돌아다니니 전혀 감이 안 잡히듯이 말이다. 비유가 맞나 모르겠다만.
그야말로 기분 내키는 대로가 아니었나 싶다. 그래서 만나 후다닥 결혼이란 걸 하니 운명적, 숙명적 운운하는 걸까.

싫으면 아무리 사소한 것이라도 싫은 점만 눈에 꽂힌다. 이 기회에 결혼하기 전, 결혼한 후에도 단점이 될 만한 짓만 골라서 하는 건 아닌지 한 번 되돌아보는 기회가 됐으면 한다.

결혼의 정의상 단체생활을 해야 한다. 공동생활이다. 나 혼자 살아왔던 것과는 사뭇 다르다. 침대도 둘이서 같이 써야 하고, 화장실도 같이 써야 한다. 때론 통장 비밀번호도 함께 알고 있어야 한다. 함부로 돈을 쓰다간 걸려서 곤란한 상황이 생길 수도 있다.

앞서 장점에서도 얘기했지만 헤어지기가 쉽지 않다. 헤어지는 과정과 결과로 인해 정말 몸과 마음이 너덜너덜해진다고 한다.

사회적으로나 경제적으로 부부를 하나의 묶음단위로 취급하고 있어서 받는 불이익들이 꽤 있다. 전형적인 것이 아파트 청약이다.

공경해야 할 사람, 친절해야 할 사람이 많아진다. 가족이 많아진다는 것은 어른도 많아지고 그에 따라 더 정교한 관계 테크닉도 필요하게 된다는 것을 뜻한다.

특히 배우자의 꼬맹이 친인척까지도 신경 써야 뒤탈이 없는 경우도 생기니까 말이다.

서로 부양자의 책임감을 느껴야 한다. 즐거운 마음으로 내가 사랑하는 사람을 돌봐준다는 쾌감을 느낀다면 할 말이 없지만 자기 힘에 부친다는 생각이 들 수도 있다. 요즘에는 맞벌이 부부가 많아서 덜하긴 해도 결혼의 속성상 책임감을 피할 수는 없다.

여자든 남자든 시가나 처가와 관계가 틀어지면 그건 곧바로 지옥이 되고 결혼 파탄에 이르기도 한다. 좋은 관계를 유지하기 위해 원천적으로 신경 쓰는 일이 부부생활에서 오는 모든 불편함을 능가하기도 한다.

친구들과 밤늦게 놀고 싶어도 집에 가야 한다. 남자나 여자나 친구들과 어울리면 싱글 때처럼 유쾌한 자리가 늦게까지 이어지게 마련인데 하는 수 없이 일어나야 한다. 적어도 보고는 해야 한다. 가정의 평화를 생각하면.

새로운 연애가 금지된다. 자타 공인된 커플이기에 일부일처제 아래에서는 또 다른 연인을 만드는 작업은 불륜이다. 계약 파기 사유.

혼인신고가 배우자에 대한 소유권 등기라고 생각하고 신경을 안 써도 되는 대상으로 점차 착각하게 된다. 그래서 사랑이 시들해지기도 한다. 권태기라는 것도 온다.

여자의 경우, 배우자에게 항상 밥을 차려주어야 하는 책임감을 느끼게 한다. 본인은 아니라고 대외적으로 얘기해도 그 책임감을 못내 지울 수가 없다. 하루 세끼 꼬박 먹는 '삼식이'가 그토록 원망의 대상이 되고 있다는 잔인한 유머(?)가 여자들 입방아의 주된 메뉴인 걸 남자들도 다 안다.

직장을 다닐 경우, 그나마 시간을 빼내 다른 짓을 할 수 있어도 일단 직장이 사라지면 각자 모든 움직임의 동선을 각자 보고해야 하니 미칠 노릇이라고들 한다. 특히 남자들에게는 그렇다. 미치기 전에 여자들은 알고도 모르는 척, 듣고도 못 들은 척해주면 어느 날 "철부지 같은 남자들, 알아서 다 불어댄다"는 것이 노련한 주부 고수들의 얘기다.

남자란 이래야 한다고 제 부모의 처신으로부터 어릴 때부터 터득해온 진부한 남자 인간을 만난 여자 인간은 집안일을 온통 뒤집어써야 한다. 해도 해도 끝이 안 나는 자질구레한 집안일이 얼마나 가혹한가는 특히 직장 여성들은 절감한다.

당연히 결혼생활에 대한 회의감이 스멀스멀 솟는다. 직장에서 돌아와 옷도 갈아입기 전에 숨 쉴 틈 없이 저녁 준비에 바쁜 여자들과 달리 이웃집 남자인 듯 거실 소파에 누워 저급한 TV 개그 프로에 실없는 웃음을 날리는 남편을 보는 여성의 머릿속에 출몰하는 생각은 뻔하고 뻔한 것이다.

이미 잡은 물고기에 밥 주랴는 식의 태도가 상대를 절망하게 한다. 인간이라는 동물은 지극히 이기적이다. 상대의 자존감을 떨어뜨리는 행위에 대해 근본적인 분노를 느끼게 마련이다.

흔히 남자들이 전유물처럼 하는 짓, 음식을 먹은 후 보란 듯이 내뱉는 트림 소리, 상대를 의식하지 않고 온 얼굴을 일그러뜨려 해대는 하품, 시도 때도 없이 쑤셔대는 콧구멍 작업과 방귀 분사 등 헤아릴 수 없이 많다.

남성들은 된장찌개 냄새가 그대로 밴 몸에 화장과 세수, 칫솔질은 고사하고 부스스한 머리가 일상이 된 상대에게 무슨 희망과 즐거움을 주느냐고 성토한다. 권태감이 몰려온다니 예사롭게 넘길 일이 아니다.

끊임없는 잔소리. 서로 다른 세상에서 온 인간이 함께 살다 보면 아무리 인내심이 있는 사람도 상대의 행위에 대해 잔소리를 퍼붓게 되기 마련이다. 잔소리보다 더 나쁜 것은 무관심이라지만 참아내기 쉽지 않다. 아마도 이혼하는 부부의 절대다수가 잔소리에서 시작된 작은 다툼이 악순환을 불러일으키고 일탈까지 하게 되어 그리된다고 해도 큰 무리가 아닐 것이다.

결혼 초기 비용이 엄청나 엄두가 안 난다는 것은 아직 임자를 못 만난 탓으로 봐야 하지만 요즘 젊은이들에겐 심각한 걸림돌이 됨을 인정치 않을 수 없다.

'일생에 한 번뿐'이라는 결혼식에 대해 너무 과욕을 부린 탓이라고도 할 수 있지만, 결혼 시작부터 짓누르는 그 과중한 부담을 아니라고 말하기는 좀 어렵다. 타인의 시선을 의식해 겉치레에 들이는 돈도 절대량이니 각자 솔직하게 들여다볼 일이다.

이 밖에도 결혼하지 말아야 할 이유는 얼마든지 더 있을 것이다. 다겪지 않으면 모르니까. 근데 혼자여서 아주 편할 때도 있지만 사람은 가끔 잔소리가 그리울 때가 있다. 사랑이 담긴 잔소리, 무관심이 아니

어서 하는 잔소리를 미리 겁낼 필요는 없다.

혼자여서 오는 자유스러움은 그리 오래가지 못한다. 누구의 관심 속에도 있지 않다는 건 편하기는 하나 살아가는 모든 의미와 이유를 박탈한다. 편한 건 숙달되면 더 이상 편한 장점으로 다가오지 않는다.

혼자 여행을 떠나 단 며칠만 지내보라. 주위에 관심사를 공유할 사람이 있다는 게 얼마나 좋은 것인지 깨닫게 된다. 한 번 그렇게 떠나보라.

게다가 세월은 흐르는 강물처럼 빠르고 머지않아 그대의 주위에는 온통 독신, 외기러기, 이혼자, 사별자들로 넘칠 것이다.

삶의 패턴이 같으니까. 좀 더 나이가 들면 그냥 혼자 고립될 뿐이다. 고독사? 강 건너 남의 일만은 아니리라. 대승적 차원의 안목이 필요하다. 나무만 들여다보면 숲은 보이지 않는다.

부부란 이런 사이

눈물, 콧물 흘리며 서로 죽일 것처럼 싸우다가 언제 그랬냐는 듯 밥을 함께 먹는 사이, 헤어지기 전까지는 몇 가지 비밀을 함께 갖는 사이, 남의 욕을 딥다 해대고도 일러바칠까 걱정하지 않아도 되는 사이.

사이 좋을 때는 피를 나눈 부모나 형제보다 더 가까운 사이, 자면서 대화하는 사이, 상대의 속 깊은 신체 특징을 아는 사이, 잠들기 전 침대에서 씨름 한판 붙는 사이, 함께 침대에 누워 TV를 보며 연속극 주인공이나 정치인을 욕하고 흥분도 하는 유일한 이성 친구.

어쩌다 실수로 칫솔을 바꿔써도 토하지 않는 사이, 시뻘겋게 김칫국물을 떨어뜨린 상대의 밥도 챙겨 먹는 사이, 변기에 앉아 휴지 달라고 소리 지르는 사이, 상대가 싫다는데도 굳이 저 재미있다며 억지로 귀지를 파주는 사이, 먹은 게 같으니 배설물도 같은 걸 내놓는 사이, 피 한 방울 안 섞였어도 해가 갈수록 얼굴, 말투조차 닮아가는 사이.

정도의 차이는 있지만 결혼하면 누구에게나 그들만이 아는 갖가지 사이가 생긴다.

어느 한 여류시인이 토로한 '사이' 역시 부부가 어떠하다는 것을 여실히 보여준다. 이 유구한 세월, 그 수많은 나라 중 어느 한 나라, 그것도 동시대에 태어나 이렇게 함께 늙어가는 사람을 어찌 운명적이라 하지 않을 수 있으랴. 옷깃만 스쳐도 억겁의 인연을 쌓은 거라는데…….

문정희 시인의 '부부'라는 시를 통해 느낄 수 있는 것처럼 부부란 서로 묶여 '그야말로 오도 가도 못한 채 죄 없는 어린 새끼들을 유정하게 바라보는 그런 사이'인 것이다.

"부부란 여름날 멀찍이 누워 잠을 청하다가도/어둠 속에서 앵 하고 모기 소리가 들리면/순식간에 합세하여 모기를 잡는 사이이다/
너무 많이 짜진 연고를 나누어 바르는 사이이다/남편이 턱에 바르고 남은 밥풀만 한 연고를 손끝에 들고/나머지를 어디다 바를까 주저하고 있을 때/아내가 주저 없이 치마를 걷고 배꼽 부근을 내미는 사이이다/

그 자리를 문지르며 이달에 사용한 신용카드와 전기세를 함께 떠올리는 사이이다/

결혼은 사랑을 무화시키는 긴 과정이지만/결혼한 사랑은 사랑이 아니지만/부부란 어떤 이름으로도 잴 수 없는 /백 년이 지나도 남는 암각화처럼/
그것이 풍화하는 긴 과정과 /그 곁에 가뭇없이 피고 지는 풀꽃 더미를 풍경으로 거느린다/

나에게 남은 것이 무엇인가를 생각하다가/네가 쥐고 있는 것을 바라보며/손을 한 번 쓸쓸히 쥐었다 펴보는 사이이다/서로를 묶는 것이 거미줄인지 쇠사슬인지를 알지 못하지만/부부란 서로 묶여 있는 것만은 확실하다고 느끼며 /오도 가도 못한 채 죄 없는 어린 새끼들을 유정하게 바라보는 그런 사이이다/"

— 문정희의 시 '부부'

그녀의 시는 진하다. 생활 속에서 체득한 진수가 우러나온다. 그녀의 감칠맛 나는 감성적 표현에 경의를 표한다.

어느 부부의 사랑 이야기

　미국 사법사상 최초의 여성 연방 대법관이 되어 한국에서도 자주 회자됐던 샌드라 데이 오코너. 부부 사랑을 얘기하면 세월이 꽤 흘렀지만, 그녀의 얘기가 떠오른다.

　오코너는 1981년 취임한 이후 24년 동안 보수와 진보로 팽팽하게 갈린 연방 대법원에서 균형수 역할을 막강하게 해내면서 '중도의 여왕'이라는 눈부신 칭송을 받았다. 그녀는 유방암으로 투병을 하면서도 법정을 지키는 강인함과 투철한 책임감으로 세간의 존경을 한몸에 받았다.

　그런 그녀가 2005년 어느 날, 종신직인 대법관직을 내려놓고 갑자기 은퇴를 선언해 눈길을 끌었다. 타인이 숭앙하는 대법관직의 임무와 명예를 벗어던진 이유는 오로지 투병 중인 남편과 더 많은 시간을 보내기 위해서였다. 발표하는 그녀의 표정은 담담했으나 감동적이었다. 젊은 시절 로스쿨에서 만난 유능한 변호사 남편이 알츠하이머 진단을 받아 그 곁을 지키기 위해서였다.

그녀의 간병 이야기는 더욱 감동적이다. 기억을 점점 잃으면서 부인조차 알아보지 못하게 된 남편은 요양원에서 만난 환자와 사랑에 빠졌다. 두 사람이 손을 잡고 산책하거나 키스를 하는 장면을 오코너는 자주 목격했지만 남편을 미워하거나 새 애인을 질투하지 않았다. 오히려 오코너는 행복해하는 남편을 기쁘게 바라봤다는 것.

"나를 기억하지 못하고 다른 여성을 사랑해도 당신만 행복하다면 나는 기쁩니다."

남편의 변화를 있는 그대로 받아들인 오코너는 수시로 그렇게 말하며 과거를 잊는 남편의 행복을 빌었다고 한다.

오코너 부부의 아들은 "어머니는 아버지가 정서적 안정을 찾게 됐다며 좋아하세요. 아버지는 마치 사랑에 빠진 사춘기 소년 같아요"라며 "줄곧 자살 이야기만 했던 아버지가 사랑에 빠진 뒤 행복해한다"고

방송 인터뷰를 통해 전했다.

오코너의 사랑에 대해 심리학자 매리 파이퍼는 이렇게 말했다.
"젊어서의 사랑은 자신의 행복을 원하는 것이고, 늙은 부부의 사랑은 상대가 행복해지길 바라는 것이다."

남편은 4년 후인 2009년 세상을 떠났다. 그녀의 나이 79세, 54년간의 사랑은 그렇게 아름답게 끝났다.

세월이 지나니 이제 나도 이해할 것 같다. 이게 사랑의 농익은 사랑의 힘이다. 격렬하고 뜨거운 사랑은 세월이 흐르면 어느덧 따뜻하고 편안한 모습으로 자리매김한다.

이 책의 저자 고혜련은 단명한 남녀 간의 사랑이 부부라는 이름으로 사는 세월이 농익게 해주면 또 다른 사랑으로 변한다고 말한다.

"실핏줄 같은 잔주름 성성한 어느 날, 또 다른 사랑이 찾아왔네/아, 이제 찾아온 사랑은 사뭇 다른 모습이네/나를 구속하지 않네 나를 아프게 하지 않네 /나를 웃게 하네/살이 타도록 뜨겁진 않지만 가슴이 따뜻해오네/안온함이 샘물처럼 고이네 /웃음이 들꽃처럼 만발하네/
(중략) 이 사랑 나눌수록 자꾸 커지네/하늘이 준 축복이네/먼 훗날 세월이 우리를

갈라놓아도/우리 사랑 그래서 웃으며 헤어질 수 있겠네/나, 비로소 안도하네/이 밤, 사랑에 들떠도 나는 잠을 잘 자겠네"

- 고혜련의 시 '사랑이여 오라' 중에서

올해 87세의 오코너, 그녀가 요즘 어떻게 지내고 있는지 새삼 궁금해진다. 진정한 사랑을 나눈 남편을 떠나보낸 후 버지니아의 한 대학의 학장을 지내기도 한 그녀는 우리의 눈에서 사라졌지만, 가끔 정치색을 띤 사법기관을 질타하는 한국에서 사법 정신이 투철했던 그녀를 회고하는 얘기들이 최근에도 언론을 통해 소개되고 있다.

멀리서나마 기도하는 마음으로 그녀의 건강과 행복을 빈다. 모든 생명이 행복했으면 좋겠다.

Part I. 결혼, 해야 하나 말아야 하나

- 세상의 변화, 싫으면 떠나라
- 결혼은 필수 아닌 선택이다
- 결혼은 미친 짓?
- 예비 신랑에게 보내는 어머니의 편지
- 축복받는 결혼의 조건 – 내 덕을 보게 하리라
- 결혼의 첫 관문, 상견례 – 시작부터 조심하라
- 사랑의 유효기간은 3개월 – 3개의 문을 통과하라
- 결혼 축하합니다

Part II.
달라지는 세상, 변하는 결혼 풍경

세상의 변화,
싫으면 떠나라

현기증이 나도록 세상이 급속도로 달라지고 있다. 인간의 혁신적인 기술 개발과 혁명이 세상을 달라지게 하고 있고 그 기술 혁명이 다시 인간 세계를 송두리째 변혁시키고 있다.

우리는 지금 인류 역사상 유례가 없는, 극도로 소비지향적이고 시장 중심적인, 소위 '신자유주의'라는 급류 속에 떠밀려 흐르고 있다. 모든 것의 가치를 효율과 기능으로 재단하는 이 불안정한 세계에 인간의 기본적인 삶마저 위협당하고 있다.

사랑하는 인간과 인간과의 결합인 결혼마저 효용을 극대화하려는 합리적 선택의 결과에 따라 결정하는 '가성비'의 대상이 되고 있다.

사회적 동물인 인간 삶의 가장 기본 단위이며 인간관계의 시작점인 가족을 이루는 결혼 제도가 도전을 받고 있다. 부모와 자녀로 이루어진 혈연 중심의 공동운명체도 이제 예외가 아니다.

가족은 인간이 평생 가장 많은 시간과 노력을 들여 이루어가는 보금자리이며 그 안에서 생활과 행동양식, 한 인간의 가치관 등을 형성하게 된다. 그런 가족이 모여 사회와 국가가 되고 세상이 되는 것이다.

그런 의미에서 가족을 이루는 결혼에 대한 사람들의 인식과 태도 변화는 간단히 보아 넘길 일이 아니다.

갖가지 통계 지표가 그 어두운 그림자를 비추어주고 있다. 2016년 결혼 건수는 28만1천6백 건. 2015년보다 2만1천2백 건(7%) 감소한 것으로, 이는 통계청 집계 시작 이후인 74년 이후 42년간 가장 낮은 기록적 수치다.

이제 결혼은 안 하면 그만인 선택 조항이 되어버렸다. 비혼(非婚)은 출산을 당연히 기대할 수 없고 결혼을 하더라도 출산을 하지 않으니 급격한 인구 감소는 불을 보듯 뻔한 미래가 되어버렸다.

결혼의 세태 변화의 경우 여성의 취업이 이를 선도하고 있다 해도 과언이 아니다. 대다수의 여성이 경제력을 쟁취하면서 성 역할에 대한 의식의 변화가 결혼의 제도는 물론 결혼 후 가족의 형태와 역할까지 바꾸어가고 있다.

그에 따라 부부의 삶도 다양한 모습을 띠고 있다. 부부가 공히 직업에 종사하는 '부부 취업형'들에겐 아내가 일방적인 가사 부담에서 벗어나 '역할 공유형'의 모습을 요구하는 쪽으로 방향이 잡히고 있다.

기존의 고착적인 성 역할을 고집하는 남성은 불화와 이혼까지 감수해야 하는 게 흔한 일이 됐다. 이제는 아예 남녀 불문하고 돈 잘 벌고 가정 내 리더의 역할을 잘하는 쪽이 여성일지라도 '남편 역'을 맡는 '역할 전환형'도 점차 낯설지 않게 됐다.

집에서 가사와 육아를 돌보면서 만족해하는 남편들도 적지 않다. 그 가족 내 정확한 속내는 정확히 모르나 그런 세월이 꽤 흘러도 여전히 혼인관계에 별 이상이 없는 걸 보면 그런대로 자리를 잡아가는 모양이다.

결혼을 하지 않고 아이만 키우는 '싱글맘', 자녀교육을 위해서라면 '기러기 가족'도 마다치 않는다. 이혼, 별거, 재혼이 증가하면서 '혼합 가족'도 새로 등장하고 있다.

이런 급변의 와중에서 '가부장적 남편'의 역할 기득권을 누리겠다는 발상은 어리석다. 스스로 변하지 않고 지내려면 이혼이나 졸혼(卒婚 = 결혼 졸업)을 감수해야 한다. 변화에 유연하게 적응한 자만이 살아남는다. 안 하고 못 하는 남편은 떠나라.

하지만 달라지는 것은 인간을 둘러싸고 있는 외부, 외면적인 것이라고 봐야 옳다. 인간의 내면이 추구하는 것은 예나 지금이나 여전하다. 존재의 이유, 어떻게 살아야 하는가 등에 대한 고민과 성찰은 한결같다. 아니 오히려 더 강력해졌다.

세상이 어지럽게 변하면 변할수록 인간의 내면이 갖고 있는 본원적인 고민은 더 깊어지고 있는 것이라고 해도 옳다.
불신의 시대, 서로를 믿지 못하는 이 시대, 누구나 홀로 떠 있는 섬처럼 외롭다. 오죽하면 행복하게 살아야 한다는 인간들의 처절한 강박감과 몸부림이 극도의 스트레스로 작용한다는 분석도 있다.

행복에의 염원은 인간이 세상에 존재했던 어느 시점 이후 가장 강렬하게 표출되고 있다고 해도 무리가 아니다.
그 탓일까. 행복한 삶에 대한 연구서와 저서가 세상에 차고 넘친다. 방송 매체들은 어떻게 하면 잘 먹고 잘 살아 행복해질까에 대한 해답을 내놓기 위해 안간힘을 쏟고 있다.

헛웃음이라도 유도하기 위해 거의 사생결단을 하고 있어 그게 쓴웃음을 자아낸다. 그 자체가 현재 행복하지 못하다는 증거가 되고 있다는 것이 매우 아이로닉한 부분이다.

여성들은 특히 결혼의 비효율과 불공정성에 고개를 절레절레 흔들지만 남성들 사이에서 회자되는 유머는 그와 정반대다. 아내의 잔소리가 비효율에 대한 불만 정도 수준이 아니라 남편의 수명까지 단축하는 극한의 스트레스라고 항변한다. "여자들 수명이 남성보다 긴 이유는 '아내가 없기 때문'이다"라는 우스갯소리에 남자들은 기막힌 유머라고 박장대소한다.

결혼이 '불공정 게임'이고 '비효율의 극치'라는 주장이 거세도 그래도 혼인지사의 오랜 선험자인 나는 사람을 행복하게 하는 건 결혼으로 가족을 구성해 그 안에서 사랑받고 사랑하는 일이라는 입장이다.

그런 사랑의 경험만이 사랑을 낳고 낳는 '사랑 릴레이의 기적'을 불러일으킨다고 확신하기 때문이다. 남녀가 만나 어느 순간 불꽃같이 뜨거운 사랑을 피워 결혼으로 골인하는 그런 사랑만을 말하는 것이 아니다.

"더 많이 사랑하는 것 외에 다른 사랑의 치료약은 없다"는 명언처럼 의지적 사랑이 너를 살리고 나를 살리는 길이다. 그런 의지도 노력도 없이 상대의 넘치는 사랑에 무임승차하겠다는 당신, 그냥 떠나는 것이 좋다.

"부부는 일심동체다" "연애 시절의 사랑과 아이들이 결혼생활을 보장해준다" "나는 최선을 다하는데 상대가 알아주지 않는다" "사람은 생전 변하지 않는 동물이다" 등의 근거 없는 거짓말에 현혹되지 말자.

세월이 가면 매일 고스란히 반복되는 일상 속에서 서로 무덤덤해지고, 무관심해지게 마련이다. 그걸 드디어 그냥 편한 사이가 된 것이라며 기뻐할 일이다. 매일 가슴이 두근거리고 상대에게 잘 보이기 위해 긴장해야 한다면 그처럼 고역이 어디 있겠는가. 가뜩이나 우리의 삶은 싫든 좋든 매일 매일 줄기차게, 숨 가쁘게 펼쳐지고 있는데 말이다.

그리고 결혼해도 두 마음, 두 몸인 '이심이체(二心二體)'임을 기억하자.
한 마음, 한 몸인 일심동체(一心同體)는 어쩌다 좋은 것이다. 한 번 살아보라. 일심동체는 턱도 없는 얘기다. 애초 기대를 하지 않는 것이 편히 살 수 있는 방법이다. 인간은 철저히 혼자이며 결혼 후 비로소 가족이라는 울타리를 쳐놓고 사랑을 배워가며 실천하는 것이다.
두 몸과 두 마음이 함께 올라탄 결혼이라는 긴 여행의 종착역에 무사히 도착할 수 있는 티켓은 돈도 명예도 아니고 기필코 완주하겠다는 의지적 사랑이기에 하는 말이다.

결혼은 필수 아닌 선택이다

#1.
"아내 직업으로 스튜어디스가 좋아요. 친구들도 다들 그래요."
"아, 미모 때문에 그런 거야?"
"그것보다는요. 결혼하고도 적당히 떨어져 살 수 있으니 서로 자유롭잖아요."

어느 결혼식장에 갔다가 신랑 친구들과 한자리에 앉게 된 터에 신붓감에 대해 나눈 얘기다. 30대 초반의 이들 7명은 증권회사 직원들. 웃어넘겼지만 내심 찜찜했다.

얼마 전 저녁 식탁에서 내 아들 녀석에게서 들은 얘기의 복사판이었기에 더욱 그러했다. 한마디로 결혼은 하되 구속은 싫고 여전히 총각 때처럼 자유롭고 싶다는 거였다. 그땐 농담이려니 하고 넘어갔었다.

순간 몇 년 전 관람했던 '유치하고 실없던' 연극이 주마등처럼 스쳐갔다. 서울 강남의 한 공연장에서 10여 년간 롱런했던 '보잉보잉'이란 제목의 이 연극 역시 국제선 비행 일정이 다른 여러 항공사 스튜어디스 3명을 약혼녀로 두고 그 일정에 따라 그들을 바꿔가며 몰래 만나는 어느 총각의 얘기를 그린 것이었다.

당시 부부 동반 모임에 갔다가 누군가가 속편까지 나올 정도로 젊은이들에 아주 인기 있는 연극이라고 해서 봤는데 도대체 말도 안 되는 이 연극이 왜 10년째 히트하고 있는지 이해가 안 갔었다.

결혼식장에서 젊은 친구들의 얘기를 듣고 나니 10년이 지나서도 지방순회공연까지 할 정도로 이 연극이 인기인지 불현듯 감이 잡혔다. 강렬한 욕구의 대리만족 통로인 거다.

우리 친구들은 요즘 일주일에 몇 번씩 결혼식장에서 부닥칠 때도 있다. 고교와 대학 동창들의 자녀 결혼식에 참석한 후 뒤풀이 '티 타임' 자리에선 결혼이라는 '전쟁'을 끝낸 친구에 대해 부러움 반, 하소연 반으로 시간 가는 줄 모른다.

2.

30대 중반의 명문대 출신, 대기업 과장급 '골드미스' 딸을 가진 친구 K의 얘기다. 외모나 능력이 출중한 금쪽같은 딸이 도통 결혼에 뜻이 없자 애원하다시피 해 결혼정보회사에 등록시켰다.

조건은 250만 원을 내고 신랑감을 5명 소개받는 것이었다. 그러고도 생각이 없으면 다시는 결혼을 종용하지 않겠노라 딸에게 약속을 하고 난 뒤 가능했다.

그런데 이게 웬걸. 두 번째 맞선을 본 딸이 '절대 불가'를 선언했다. 이유는 상대와 얘기를 나누다 보니 '잘 난' 신랑 측은 회비를 무료로 감면받았고 커플매니저가 여러 번 사정을 해서 나왔다는 것이었다. 순간 모욕감이 치솟아 그 자리에 앉아있을 수가 없더란다.

나중에 매니저에게 따지니 "좋은 조건의 30대 신랑감들은 얼마든지 20대 여성들과 결혼할 수 있다는 걸 몰랐냐"며 결혼 시장의 수급 불균형을 지적하더라고. K는 힘들여 키운 외동딸에게 머지않아 자칫 재혼자리 혼사 제의가 들어올까 걱정되어 밤잠이 오지 않는다고 토로한다.

3.

몇 달 후로 둘째 아들의 결혼식 날을 잡은 한 친구. 예식장 선정에 골머리를 앓고 있다. 첫째 아이 결혼식 때 비용관계로 일반 예식장을 택했던 악몽 때문이다. 여러 결혼식 하객이 섞이는 시장판 같은 뷔페 연회장. 음식 남긴 것과 입 닦은 휴지가 쌓여 하객 접대하기가 송구스러웠다.

더구나 정작 예식을 거행하는 자리에는 남성 하객들이 예식 전이나 중간에 많이 빠져나가 별도의 연회장에서 식사를 하곤 인사도 없이 사라지는 광경을 목격했기 때문이다.

아들과 '잘 나가는' 예비 며느리 집이 강권해 호텔을 잡으려 하니 비용이 엄청나 엄두가 안 난단다. 마지못해 호텔 중간급을 알아봐도 하객 1인당 최소 12만 원을 계산해야 한다는 것.
게다가 꽃값은 무려 1천만 원에 가깝고 와인 한 병에 무조건 5만 원을 치니 그렇다는 것이다.

하객 수를 최대한 줄여 가까운 친지만 초청하려 해도 그간 갖다 바친 '본전'도 생각나고 앞으로도 계속 축의금을 들고 다녀야 할 판이니 선뜻 엄두가 안 난단다. 친구들은 모두 고개를 끄덕인다. 어디서부터 그 연결고리를 끊어야 하는지 이구동성으로 답답함을 토로한다.

4.

　대학교수인 친구 C. 예비 신랑의 어머니가 자기 딸에게 넌지시 예물로 모피코트를 요구해 그걸 문제 삼았다가 결혼을 앞둔 딸과 대판 싸웠단다. "딸 혼사 망치려는 것도 아니고 뭐 그리 까다롭게 구냐?"며 딸이 대들어 그 결혼에 일절 개입하지 않겠다고 선언했단다.

　딸이 모피를 제 돈으로 사서 보낸 눈치인데 자존심이 상해 결혼식엔 참석할지 말지를 놓고 고민 중이란다.

　게다가 예단비 명목으로 예비 시댁에 돈까지 보내야 한다니 죽을 맛이라고 했다. 자괴감에 요즘 밤잠을 설친다며 "도대체 얼마를 보내야 하며 이게 무슨 짓인지 모르겠다"고 목소리를 높였다.

　그는 요즘 다들 먹고살 만하니까 돈이나 물건을 교환하거나 가져다 바치는 한심한 짓은 그만두고 양가가 얼굴을 익히는 차원에서 식사나 한두 번 하면 되는 게 아니냐며 언성을 높였다.

5.

　스스로를 '하우스 푸어'라고 말하는 친구 H. 결혼에 미온적인 딸의 데이트를 신나서 밀어주다 최근 딸이 결혼을 서두르자 걱정이 태산이다. 집값이 오르면 집을 팔고 작은 집으로 옮기면서 결혼 비용으로 쓰려는 계산에 은행 대출을 끼고 3년 전 큰 집을 샀다.

하지만 집값은 떨어지고 이자 갚느라 허덕여 난감하게 된 것. 대출도 더 이상 막혀버려 이도 저도 못하고 안절부절 중이다. 신랑 측에선 요즘 여자나 남자나 평등하게 대접받는데 전셋값을 반씩 부담하자고 제안을 하더란다. "돈 때문에 딸아이를 노처녀 만들게 생겼다"고 울상이다.

친구들의 하소연을 듣다 보면 이 땅에서의 결혼은 한마디로 전쟁이라는 생각이 든다. 곳곳에 복병처럼 도사린 문제들이 산 넘어 산으로 나타나 결혼으로 가는 길을 가로막고 있기 때문이다.

왜 잘 갖춰진 30대 우리 딸들의 '결혼파업'이 늘어나는지, 왜 OECD 국가 중 우리나라 이혼율이 최고 수준이고, 출산율이 최하위인지 이해가 간다.

아닌 게 아니라 통계청 자료에 의하면 2016년 결혼은 28만1천6백 건으로 2015년도의 30만2800건에서 7%나 감소했다. 이는 74년 이후 가장 낮은 수치다.

우리 자녀들의 사고는 21세기의 디지털 시대를 달리고 있는데 이 땅의 결혼 문화는 30년 전보다 더 후퇴하고 있다는 생각이 든다. 이 모순과 괴리감이 이 땅에 노처녀, 노총각을 양산하고 있는 거다. 애당초 그런 단어 자체가 모순일 수 있지만 말이다.

친구들은 하소연 말미에 그럴싸한 원인 분석도 내놓는다. 우선 우리 친구들의 세대보다 딸들의 위상이 엄청나게 달라져 있다는 거다. 당시에는 형제도 여럿이라 아들 위주로 대학을 보냈지만 지금은 어림도 없다. 당시 5명에 한 명꼴로 대학을 갔지만 지금은 4명이 다닌다.

딸이라 해서 양보하지 않는다. 요즘은 외동딸만 키우는 가정도 많고 남성들과 겨뤄 사회 각계에서 두각을 나타내니 아들 부러울 게 없다는 것이다.

부모한테 잘하기는 아들 집단이 상대도 안 된다. 동창 모임에선 아들만 가진 친구는 불쌍한 사람으로 위로받는 지경이다. 딸은 물론 노후에 함께 놀아줄 여형제, 엄마보다 더 전폭적인 사랑을 주는 이모, 이 세 사람이 없는 '3無의 여인'은 '완전 불쌍한 사람'이다.

딸들도 빵빵한 직장이 있는 데다 연봉도 남자들 못지않아 굳이 남성들의 비위를 맞출 일도, 결혼을 서두를 이유도 없다는 거다. 또한 결혼 후 이어지는 육아 부담이 거의 여성 몫이니 '결혼파업'은 당연하다는 거다.

게다가 총각들의 사고는 겉으로는 얼핏 달라진 듯하지만 그게 아니다. 아직도 아버지 세대를 보고 자란 탓에 권위주의가 머릿속에 똬리를 틀고 있어 무늬만 남녀평등이다.

맞벌이를 하면서도 집안일은 여전히 여성의 부담이 되고 만다. 설상가상으로 이들 부부는 홀로 키워지고 혼자 놀고 혼자 대접받고 자라다 보니 타인과의 소통이나 타협하는 기술이 바닥이라는 것.

몇 번 부부싸움을 하고 집안일에 허덕이다 보면 편안하고 폼 나게 일상을 요리해가는 '골드미스'의 생활로 돌아가려는 욕구가 꿈틀댄다는 것. 아들로 키워진 딸들도 집안일을 맡아줄 아내가 필요한 거지 자식같이 돌봐야 하는 남편은 사절이라는 거다.

아들과 다를 바 없이 공들여 키운 딸이 남편이나 시댁에서 홀대를 받을 경우 오히려 친정엄마가 먼저 이혼을 거들고 나오는 경우도 부지기수다.

"내 딸이 뭐가 부족해서……"라는 것이다. 이는 이혼을 해도 얼마든지 살아갈 능력이 있는데 뭐가 무섭겠느냐는 것이고, 즉 '싹수가 노랄 경우 애초에 마음 고쳐먹어야 한다'는 인식이 지배적인 것이라고 볼 수 있다. '검은 머리 파뿌리가 될 때까지'는 군내 나는 발상이란다.

오죽하면 결혼 적령기라는 단어가 파괴된 이런 사회적 기현상을 취재, 분석하기 위해 두 젊은 남성들이 작정하고 30대 노처녀 50명을 면접하고 나섰을까? 《결혼파업, 30대 여자들이 결혼하지 않는 이유》라는 책에서 이들은 "30대 여성들에게 이제 결혼은 필수가 아니라 선택"이라며 문제는 "그녀들이 원하는 결혼과 이 사회가 제공하는 결혼에 차이가 있기 때문"이라고 전한다.

이들은 "세상이 변했는데 여전히 변하지 않은 결혼제도가 심판대에 섰다"며 딸에게도 교육과 평등의 기회를 주었듯이, 아내와 며느리에게도 같은 권리와 기회를 주었다면 지금과 같은 결혼기피 현상이 심해졌을지 반문한다.

각종 일상사에 대한 수다가 만발했던 모임이 끝나갈 무렵, 친구들은 영 개운치 않다는 표정으로 한마디씩 던진다.

"이만큼 나이 먹은 게 감사하다니까. 이미 오래전에 결혼한 것도 그렇고 이런 전쟁을 어떻게 또 치르니……."
"결혼이 끝인 줄 아니? 맞벌이 아들 내외가 출근하면 손주 교육은 우리 몫이야. 젊은 엄마들과 대리전을 치러야 한다니까. 산 넘어 산이다."

　인륜지대사라는 결혼, 당사자 두 사람만이 아니라 그들과 얽힌 가족의 전 인생을 송두리째 바꿔놓기도 하는 중차대한 결혼이 전쟁이 아니라 숙연하고 감사하는 마음으로 치르는 진정한 축제가 될 날을 고대한다.

결혼은 미친 짓?

#1.
 젊은 여성들 중에는 부모의 울타리 밑에서 벗어나기 위한 하나의 방편으로 결혼을 선택하는 사람들이 의외로 많다. 게다가 누가 보아도 부러움을 살만한 잘나가는 여성들이.
 나는 일생 동안 수많은 사람을 만났다. 사람 만나는 게 바로 일이었으니까. 내 취재 대상이 된 절대다수는 매스컴을 타야 하는 소위 잘 나가는 사람들이 대부분이었다. 물론 거리의 노숙자부터 한 나라의 정상급 인물들까지 다 내 취재 대상이었지만.

 그들 중 어느 누구는 지극히 편안했고 어느 누구는 매우 불편했다. 지위고하를 막론하고. 그래서 누구는 취재 후에도 언젠가 다시 만났으면 하고 바랬고 어느 누구는 기사를 쓴 후 까맣게 잊어버리고자 했다. 얼굴처럼 그들의 행동과 심성은 오만가지였다.

어떤 자리에 올라, 어떤 성과로 인해 취재 대상이 된 상대들은 쌓은 만큼 대외용 얼굴인 페르소나도 발달한 사람들이다. 가능한 쉽게 맨얼굴을 보이지 않는 사람들이다.
당연히 자신이 가진 최고의 얼굴과 태도를 내보인다. 자신으로서는 더 이상 온화하고 더 이상 젠틀할 방법은 없는 것이다.

그 자리에 오르게 한 업적으로 인해 기자의 취재 대상이 됐는데 웬만하면 그 일을 망치고 싶지 않으니까. 아니, 취재자는 자신을 홍보하는데 아주 유용한 조력자니까.
하지만 그래도 그 사람도 모르게 보여지는게 있다.

직장의 상사, 선후배, 동료들도 마찬가지다. 한 조직에서 자신의 식구들보다 더 오래 살아내야 할 직장인들은 서로를 대할 때 어느 정도 보호막을 친 채 전략적으로 자신의 본능적 이기심과 감정을 감추고 선한 의지를 과시하는 사람들이다.

직장은 지켜내야 할 명예요 밥이요 돈이기 때문이다. 그건 어떤 대가를 치르고도 지켜내야 할 마지막 보루이기 때문에 자신의 전부를 보여주지 않는다. 조심하고 조심하며 대외용 얼굴을 오래 잘 간직해 보여주는 사람이 승자가 된다.

가족이 됐든 친구가 됐든 사적으로 오랫동안 만나는 사람들은 싫든 좋든 자신의 모습을 드러내지 않고는 관계를 이어갈 수가 없다. 속내를 솔직하게 드러내지 않고서는 어느 선 이상으로 가까워질 수 없기 때문이다. 아니 저절로 그대로 읽히게 마련이다.

이처럼 상대가 취재 대상이든 직장 동료든, 친구나 친척이든 관계가 물 흐르듯 쉬운 사람이 있고 쉬운 듯 애를 써도 뭐가 막힌 듯 불편한 사람들이 있다. 그리고 불편해하는 이들을 만나면서 다시 발견하게 되는 공통점이 있다. 일부는 내가 발견한 것이고 일부는 점차 가까워진 그네들이 대화 중에 토로한 자신들의 고민거리다.

이를 관통하는 것은 유년기 부모, 특히 어머니와의 관계다. 사랑을 주고받고 나누는 기술은 어릴 적 어머니로부터 습득돼 평생을 간다는 것이다. 이는 수많은 심리학자들과 정신과 의사들이 공통적으로 주장하는 이론이다.

2.
'결혼'을 주제로 한 어느 모임에서 만난 한 여성(40대 교사)도 "모든 행

불행의 뿌리가 결국 유년기에 얼마나 사랑을 받고 자랐는가에 연결돼 있더라"는 한 발표자의 말에 동의하면서 자신은 "한쪽이 요구하면 언제든 헤어질 수 있다는 약속과 함께 계약결혼을 하고 다른 공간에서 살면서 가끔 외로울 때 만나 사랑을 하고 밥을 함께 먹는다"고 했다.

"남들이 볼 때 자칫 문란해 보이는 이런 행동은 남녀의 사랑은 절대 믿을 것이 못 된다는 것을 어릴 때부터 삶으로 보여준 부모 때문"이라고 했다. 혹 결혼이 파탄 날 때 제 부모의 전철을 밟는다는 소리도 듣기 싫어서 주거지도 따로 갖고 있다는 그녀는 "엄마가 아버지를 향해 비난을 늘어놓을 때는 '당신이 내게 해준 게 뭐냐? 사내구실도 제대로 못 하면서'라고 했던 소리가 마치 녹음기를 틀어놓은 듯 가끔 내 귓전에서 맴돈다"고 했다.

연이어 부부가 적나라하게 들춰냈던 서로에 대한 험담에 진저리가 났다고 했다. 그래서 어릴 때부터 한 생각이 '결혼은 미친 짓이다'였고 부모의 결혼생활을 반면교사 삼아 한 자신의 결정에 절대 후회하지 않는다고 했다. 부모도 맨 처음에는 반대했으나 나중에는 이를 받아드려 공식적으로 부모와 분가할 수 있어 정말 기뻤다고 했다.

또 부부 사이가 안 좋을수록 딸의 이성관계에 대한 지나친 관심과 염려가 숨 막힐 듯했다는 것이다. 그녀의 아버지는 통행금지 시간을 정해놓고 교사인 그녀를 아이처럼 대했으며 이를 어길 시에는 가차 없이 회초리로 종아리를 쳤다는 것이다.

게다가 어머니는 "여자 팔자 뒤웅박 팔자다. 사랑이 무슨 말라죽을 사랑이냐. 내가 살아보니 그저 돈이 최고더라"며 "그게 잘 안 되면 재혼할 남자에게 가는 것도 한 방법"이라며 그의 이성 교제를 막았다는 것이다.

그녀는 아직도 '결혼은 너무 피곤한 짓이다, 결혼은 너무 어리석은 짓이다, 결혼은 불행을 자초하는 짓이다'라는 부정적인 생각을 갖고 있다.

그녀는 훗날을 생각해 아이를 갖고 싶기도 하나 "남녀의 성욕으로 인해 완벽하게 책임도 못 질 생명을 태어나게 하는 것이 죄를 짓는 것 같아 고민 중"이라고 했다. 또한 "부부지만 아무래도 상대를 조심스럽게 대하다 보니 좋은 관계가 더 오래갈 수도 있다"며 만족해했다.

3.
비슷한 의견을 가진 참석자들은 자신에게 주어진 능력을 믿고 그녀들에 대한 전폭적인 지지를 보내는 남자들을 조건에 상관없이 선택한다는데 긍정적인 반응을 보였다. 그래서 성공적인 결혼생활을 하는 사람도 있을 것이다. 그런 경우는 당연한 듯 파묻힐 것이고 그렇지 못한 경우는 세인들에 회자될 것이다.

"내 그럴 줄 알았다. 어째 위험해 보이더라"면서.
실제로 필자인 내 주위에는 남들이 부러워하는 좋은 조건을 가진 전문직 여성들 중 이처럼 실패를 예감케 하는 결혼을 하는 경우가 가끔 있다.

이들은 애당초 실패의 위험인자를 안고 결혼을 감행했기 때문에 실패 확률이 월등히 높은 것이다. 이들은 부모의 불화로 인한 편치 않은 가정에서 일단 벗어나고 보자는 탈출심리에서 즉흥적, 감정적으로 결혼을 결정하는 경우가 많다.

결혼 상대에 대해 숙고할 시간을 갖지 않고 상대의 조건에 별 의미를 부여하지 않아 나중 삐걱거릴 소지를 안고 출발한다.

당장은 나를 좋아해준다면, 그래서 내게 피난처만 제공해준다면 아무래도 좋다고 감행했지만 막상 현실에서는 남편의 악조건들이 부각되고 주변의 남성들과 비교되면서 점차 불화로 이어진다는 것이다.

더구나 이런 불안감을 갖고 출발한 여성들은 대부분 그들 부모의 관계에서 자연스레 사랑과 화목의 노하우를 배우지 못해 상대를 이해하고 배려하는 데 어려움이 많다는 것. 장점보다는 상대의 단점을 들춰내는 언행으로 상대를 피곤하고 지치게 몰아간다는 것이다.

남편 역시 동등하지 못하다는 열등감에 사사건건 마찰을 빚어 실패의 여지가 그만큼 높아진다. 어떤 경우는 아무하고나 결혼해 자신을 망가뜨림으로써 부모를 아프게 하겠다는 복수심리도 작용하는 것으로 보인다. 그런 경우 자신의 불행을 마치 예비된 것인 양 당연히 여겨 문제가 생겨도 이를 개선해 결혼생활을 잘 유지해보겠다는 의지도 약하다.

애당초 결혼은 하지만 이혼해도 별 상관없다는 생각으로 임하는 만큼 혼인신고나 출산도 미루다 보니 결속력이 약해 작은 다툼에도 깨어질 여지가 그만큼 크다는 얘기. 또 출발부터 양가 부모의 심한 반대를 무릅쓴 경우가 많아 불화의 소지가 잠재돼 있다니 참 안타까운 일이다.

예비 신랑에게 보내는
어머니의 편지

사랑하는 아들아! 나는 오늘도 네 책상에 꽃을 놓는다. 넌 알까? 아름다운 이 꽃의 이름을.

싱그런 푸른 잎 사이로 앙증스런 빨간 열매를 달고 있는 그리고 그 위로 별 같은 흰색 꽃이 따로 동시에 피어있는 이 꽃. 보기만 해도 행복감이 솟는 '천냥금'이 피곤함에 지친 너를 반길 거다. 집 앞 화원을 지나며 늘 너를 생각한다. '네게 아름다움을 선사해야지'라고.

때로는 네가 의아하게 여길 정도로 네 책상에 항상 꽃이 빠지지 않게 하는 것. 그건 네가 꽃을 통해 생명의 아름다움과 신비함 그리고 존귀함을 깨닫게 되길 바라서라는 걸 넌 알까?

네가 내 곁에 머물기 시작한 몇 해 전부터 나는 네 책상에 기도하는 마음으로 장미도 프리지아도 국화도 꽂아놓고 네가 그 이름을 불러주길 바랐지. 꽃을 느끼지 못하는 가슴을 가진 아이, 꽃의 이름조차 무관심한 메마른 아이가 과연 누군가를 사랑하고 사랑받을 수 있을지 어느 날 덜컥 겁이 나서다.

모든 감사와 사랑, 설렘이 신이 주신 자연의 아름다움과 섭리를 깨달으며 온다는 것, 그래서 그 자연의 일부이면서 세상 모든 아름다움의 응축물인 꽃을 항상 네 곁에 두고 싶었다.

이제 네가 내 곁을 떠날 시간이 임박했다. 고개를 가누지도 못하던 그 작은 아기가 이제 한 가정의 가장이 되겠다고 둥지를 떠나 비상하는 날갯짓에 힘찬 박수와 축하를 보낸다.

그날을 앞두고 엄마는 너와 더욱 많은 시간을 함께할 걸, 네게 더욱 친절할 걸, 더욱 칭찬할 걸…….

그야말로 '~할 걸' 일색인 마음이다. 항상 뒤늦은 후회로 점철되는 것이 인생인 모양이다. 특히 한 사람의 전 인격이 형성되는 유년기와 고민과 외로움이 많았을 사춘기, 그 중차대한 시기에 15년을 너와 떨어져 살았던 엄마의 무지몽매함을 용서해라.

아들아! 너는 엄마가 이 세상에서 가장 미안해하는 사람이다. 목숨이 위태로웠던 지독한 산고 끝에 어느 날 내게 찾아온 너라는 존재가 얼마나 소중한지, 그 소중한 생명을 어떻게 대접해야 하는지 참으로 몰랐단다.

멀리 낯선 땅에서 태어나 엄마 아빠의 얼굴을 채 익히기도 전에 할머니 손에 들려져 그렇게 떠난 너. 향기로운 아가 냄새를 퐁퐁 풍기며 솜사탕처럼 부드러웠던 네 어린 살갗을 강제로 밀쳐낸 후 엄마는 네가 고개를 힘들게 곤추세우기 시작하는 것도, 옹알이를 하는 것도, 슬슬 기면서 뒤집기를 하는 것도, 드디어 일어서서 걸음마를 하는 모습도 아무 생각 없이 다 그냥 지나쳤다. 그게 얼마나 숭고하고 위대한 일인가를 정말 몰랐다.

세상의 비루한 일들에 얽매이면서 그땐 그게 가장 중요하고 최선이며 다른 것은 나중에 보상하면 된다고 생각했다. 그러나 세월이 훌쩍 흐른 후 깨달았다. 나중에 보상할 수 있는 것과 없는 것이 따로 존재한다는 것을. 때는 이미 늦었지만…….

네가 다섯 살 때인가. 멀리 헤어져 있다가 몇 년 만에 만난 낯선 엄마를 보자 너는 할머니 치마 뒤에 숨어버렸지. 그래도 피는 정말 물보다 진한 모양이다. 엄마라는 존재가 얼마나 그리웠는지 조금 후 어색

한 웃음으로 먼저 다가와 정신없이 말을 걸었지.

할 말이 궁하자 TV의 권투 중계를 흉내 내며 좀 친해져 보려고 얼마나 애쓰던지. 너를 태우고 운전하는 아빠에겐 "아이구! 운전사 아저씨, 수고가 많으시네요"라고 하더라.

아마 평소 너를 택시에 태워 병원을 드나들던 할머니가 운전기사에게 한 말, 그게 상대를 기분 좋게 하는 말이라는 걸 깨우치고 그대로 흉내를 낸 것이겠지. 우린 그런 네가 너무 안쓰러워 그만 울어버렸던 기억이 난다.

그런 헤어짐은 다시 이어졌다. 이 세상 모든 것이 고민으로 다가올 수 있는 너의 사춘기, 이번에는 엄마가 서울에 남고 너를 떠나보냈다. 영어 한마디 하지 못하는 너를 미국인 가디언 아줌마에게 맡기고 또다시 8년, 우리는 네 인생의 절반을 따로 떨어져 산 셈이다.

그 긴 시간 동안 엄마는 너를 잊고 산 날이 많았다. 전화도 편지도 바쁘다는 핑계로 거의 하지 않았다.
네가 얼마나 외로워할지, 네가 혹 예쁜 소녀를 놓고 사랑에 깊은 고민과 방황을 하고 있을지도 모르는데 그런 널 잊고 살았으니 그 미안함을 어떻게 갚아야 할지 모르겠다.

그땐 철없는 이기심과 어리석음에 하늘이 부여한 엄마라는 역할이 얼마나 숭고하고 영광되며 감사한 것인지 알지 못했다. 그런 세월이 지금 네 가슴 어딘가에 상처로 남아있을지도 모른다고 생각하면 등줄기가 서늘해져 온다.

아들아! 고맙다. 바르게 잘 자라줘서. 너는 심지가 깊고 과묵하고 착하다. 도통 화난다, 힘들다, 외롭다는 말을 모르는 아이, 누구 탓을 하는 걸 본 적 없는 나는 가끔 네게 얼마나 부족한 사람인가를 깨우치게 된다.

몇 년 전, 네가 서울에 직장을 잡고 내 집으로 들어왔을 때 우리는 물과 기름처럼 겉돌았다. 우리는 마치 하숙집 아줌마와 하숙생 같았다. 그때서야 엄마는 서로 살을 비비고 복닥거리며 살아야 비로소 가족이 된다는 사실을 깨닫게 됐다. 혈연으로 가족이 된다 해도 무조건 사랑과 애정이 무럭무럭 샘솟는 것이 아니라는 걸 말이다. 서로의 다른 점을 이해하고 참아내는 인고의 시간이 없으면 가족의 끈끈함은 저절로 발생하지 않는다는 것을 뒤늦게 안 것이다.

그러면서 엄마는 다짐했다. 새벽같이 일어나 고마움과 미안함을 담아 네게 따뜻한 아침밥을 먹임으로써 네 마음에 사랑을 심겠다고. 그리고 증권가에서 삭막한 하루를 보내는 너를 위해 늘 꽃 한 송이를 건

네겠다고.

또한 네 가슴을 적실 멋진 글들을 스크랩해 네 책상에 놓아두고 네게 용기와 지혜를 전할 책을 정성스레 골라 놓아두는 일들을 하겠다고. 네게 엄마라는 존재, 그런 따뜻한 존재가 있다는 것을 그렇게나마 알리고 싶었다.

하나뿐인 나의 아들아! 외롭게 멀리서 혼자 자란 네가 마음 터놓고 희로애락을 함께할 친구들을 많이 갖기를 진심으로 기원한다. 그게 얼마나 삶을 윤택하게 하는지, 사람의 마음을 얻는 일이 얼마나 힘들고 가치 있는 일인지 네가 깨달았으면 한다.

부디 "너의 행복은 다른 사람을 행복하게 하는 데 있다"는 금언을 잊지 마라. 열심히 칭찬하고 열심히 사랑하렴. 네 아내나 타인의 허물에 관대한 사람이 정말 멋진 사람이라는 것을 잊지 않기 바란다.

또 함께 직장생활을 하는 네 아내를 열심히 돕기 바란다. 전 인생을 함께 걸어갈 그녀가 결혼이 구속이나 번잡함이 아니라 얼마나 큰 기쁨이며 위안인가를 깨닫게 하렴.

또 네가 손에 쥔 재물을 성공의 척도로 삼지 않기를 바란다. 자신이 좋아하는 일을 하고 사는 것, 이웃과 더불어 진정한 기쁨과 슬픔을 공유하는 것이 진정으로 성공한 인생이라고 인생의 선배로서 감히 말하련다.

그리고 일희일비하지 마라. 인생은 긴 마라톤이다. 어느 구간에서 뒤처졌다고, 어느 시간 누군가 네게 손해를 끼쳤다고 성급히 좌절하거나 판단하지 말렴. 인간지사 새옹지마라는 말도 있더라. 주변의 상황과 사람이 어찌 됐든 너의 중심축을 세워놓고 그에 합당한 사고와 행동을 하길 바란다.

또 어려움에 부닥칠 때 "신은 우리에게 견딜 수 있는 만큼의 고통만 준다"는 말을 기억하면서 쉬운 길, 옳지 않은 길을 탐하지 말고 긍지 있는 삶을 살기 바란다.

혹 네 손이 비어 절망할 때 "어려운 때는 사는 것만으로도 훌륭한 투쟁이 된다. 가난을 통한 배움으로 언젠가 이 어둠 때문에 더욱 빛나게 되는 자신을 그리도록 하라"는 한 선인의 말을 되새기기 바란다. 그래서 엄마는 언제나 주문처럼 외우는 어느 현인의 말을 빌려 이렇게 기도하고 싶다.

"오! 주여! 약할 때 자기 자신을 잘 분별할 수 있는 강한 힘과 무서울 때 자신을 잃지 않을 담대성을 가지고, 정직한 패배에 부끄러워하지 않고 태연하며, 승리에 겸손하고 온유한 아들을 나에게 주시옵소서. 그리하여 참으로 위대한 것은 소박함에 있다는 것을 항상 명심토록 하소서."

이제 너를 사랑하는 사람들 앞에서 푸른 하늘을 향해 솟아오르는 네 힘찬 날갯짓을 보여주는 날이 다가왔다. 이제 훨훨 날아 한 여자의 남편으로 우뚝 서거라. 네가 멋진 가정을 꾸미는 일, 내 인생 최고의 축복이며 바람이 아니겠니.

항상 거기 그렇게 있으면서 언제나 마르지 않는 맑은 샘물로 나의 가슴을 적셔준 것, 내게 설레며 사랑할 수 있는 대상이 되어준 것 매우 감사한다. 이 엄마도 새 식구를 받아들이면서 더욱 성숙한 사람으로 거듭나도록 노력하마. 우리 모두 멀리 높게 날아보자.

축복받는 결혼의 조건
- 내 덕을 보게 하리라

#1.

별 재미없는 요즘, 오랜만에 유쾌한 웃음보가 터졌다.

얼마 전 서울대학교 구내 소규모 홀에서 열린 이 대학 공대 모 교수 아들의 '작은 결혼식', 약사 공부 중인 며느릿감이 씩씩하게 외친 신부 혼인서약문 중 첫 번째 항목 덕분이다.

"첫째, 내가 당신 덕을 보지 않고 당신이 내 덕을 보게 하겠습니다."

신부의 이 당당한 외침에 하객들의 즐거운 웃음소리가 장내에 가득 찼다. 마치 잠시 대형 스포트라이트가 켜진 듯 별안간 식장 분위기가 환해지는 느낌이 들었다.

"거 신부 참 예쁘네, 대견해. 요즘 같은 세상에……."

만면 가득 웃음을 띤 하객들은 옆자리 사람들에게 동의를 구하려는 듯 칭찬을 이어갔다. 잠시 장내가 조용해지길 기다려 신부의 혼인서약이 이어졌다.

신부는 "둘째, 앞으로 닥칠지도 모를 힘든 상황에 대비, 정신 수양을 하겠다. 셋째, 먼 훗날 얼굴이 쪼글거려도 서로 두근거림을 잃지 않게 외모에 신경을 쓰겠다. 넷째, 당신만의 영원한 '귀요미'로 남겠다"고 선언해 힘찬 박수를 받았다.

'음치와 박치'를 자처한 신부의 두 동생은 '머리털이 빠지고 늙어도' 오랫동안 변치 않는 사랑을 하라는 의미의 'When I am 64'를 축가로 불러 장내를 훈훈하게 했다. 노래 실력이 별로인 신부 동생들이 축가에 나선 것도, 귀여운 율동을 곁들여 하객들을 배꼽 잡게 한 것도, 해묵은 비틀즈의 노래를 혼주인 부모 세대가 음미할 수 있게 선곡한 센스도 넘쳐 분위기는 시종일관 화기애애했다.

얼마든지 화려하고 사치스러울 수 있는 '엄친 딸'의 결혼식은 조촐하면서도 흐뭇함이 가득해 돌아오는 길에 자꾸 그녀의 얼굴이 떠올랐다. 신부의 그 서약 한마디에 내가 요란을 떠는 것은 먼 기억을 떠올리게 하기 때문이다.

#2.

"죄송합니다. 직장을 그만둬야 한다면 전 결혼을 하지 못할 것 같습니다. 저는 한 가족 정도는 부양할 수 있는 능력을 갖춘 사람으로 살고 싶습니다."

결혼을 약속하고 예비 시댁에 인사차 갔을 때 직장을 그만두고 전업주부로 사는 게 어떻겠냐는 예비 시부모님의 제의에 대한 내 반응이었다. 슬하에 딸이 없던 그분들은 새로 들어오는 식구와 딸처럼 지내고 싶었던 것이다.

대학 졸업 후, 여러 번의 도전 끝에 힘들게 얻은 직장과 평생 함께 하리라 다짐하면서 품었던 바로 그 생각이 말로 튀어나온 것이다. 난 정말 경제력이 있는 어엿한 직장인으로, 독립된 인간으로 자립하고 싶었다.

부모 덕을 더 이상 보지 않고 내 힘으로 살아간다는 것이 자랑스러웠다. 월급을 타서 부모님께 구두도 사드리고 용돈도 드리는 것이 얼마나 신나는 일이었던지.

그때만 해도 사회 분위기가 여성을 채용하는 곳이 별로 없는 데다 직장을 다녀도 결혼과 동시에 퇴사하는 게 일반적이었던 시기였다.

더구나 국내 일간 신문사에서 여기자는 아주 드문 존재였다.

'당대 최고의 지성'으로 불렸던 현민 유진오 선생님은 주례로 서실 것을 약속하며 이렇게 독려하셨다.

"결혼하면 자네처럼 맞벌이하는 여성은 많은 갈등을 느낄 거야. 우리나라 남자들 집안일에 무심하거든. 그땐 도움을 주는 일이 받는 것보다 얼마나 멋지고 즐거운 일인가를 생각해.

육체적이든 경제적이든 도움을 주는 사람일 수 있다면 그거 성공한 인생이지. 직장과 집안일을 병행하다 보면 내가 왜 이렇게 손해를 보고 있나, 상대가 내게 짐이 된다는 생각이 들 때도 많겠지만 멀리 보면 언제 처지가 뒤바뀔지 모르는 일이야. 인생사 짧게 끊어 따지지 말고 길게 봐야 해."

그때 나는 습관처럼 그분의 말씀을 기자 수첩에 적었었다. 그리고 한동안 그 말씀을 지갑에 넣고 다니며 결혼생활이 나를 갈등에 놓이게 할 때마다 들여다보곤 했다.

대한민국의 헌법을 기초한 헌법학자로 고려대학교 총장과 신민당 총재를 지내셨던 그분, 정신없이 바쁜 그분이 인연도 별로 없는 신참 여기자에게 선뜻 주례를 허락한 것은 취재 후 여담 끝에 결혼하면 신랑 덕 바라지 않고 남자처럼 가장(家長)인양 살고 싶다는 내 발상을 기특하게 여겼기 때문이리라.

그땐 적어도 내가 상대 덕을 보기보다 내 덕을 보게 하겠다는 자신감과 의욕으로 가득 차 있었다. "누가 감히 내게 밥을 먹여주겠다는 거냐. 그건 내 자존심의 문제다"라는 교만도 떨었었다. 오래된 이야기가 주마등처럼 스쳐갔다.

이날 호화 결혼식을 마다한 약사 신부의 서약은 결혼 초기의 내 다짐이 얼마나 지켜졌는지 되돌아보는 계기가 됐다. 새삼 생각해보면 그런 생각을 하면서 살 때의 나는 당당했고 매사를 선한 눈길로 이해하려 애썼던 것 같다.

결혼생활의 반 이상은 그런 다짐과 기분으로 살아오면서 스스로 '쿨하다'는 생각을 하지 않았던가. 그러나 세월이 흐르면서 사랑과 자신감이 빛을 잃어가면서 어느덧 그 다짐도 함께 퇴색해갔다.

어느 날부터인가 상대가 왜 손 하나 까딱하지 않고 나를 하녀처럼 부리려 할까, 내가 직장에서 돌아와 종종대며 저녁을 준비하는데 왜 상대는 태평하게 텔레비전을 보는 걸까, 왜 나는 설거지를 하는데 상대는 우아하게 과일을 먹으며 책을 읽는 걸까, 왜 내가 청소를 할 때 상대는 냉큼 청소기를 빼앗아 들지 않고 그저 발만 살짝 들어 올리는 얌체 짓을 하는 걸까? 그런 생각이 들면서 당당함도 이해심도 선한 마음도 모두 잃어버렸던 것 같다.

직장 때문에 바쁜 아내가 집에 돌아오면 쉬면서 공부할 수 있게 도와주는 게 배려 아닌가, 배려가 없다는 건 사랑이 없다는 것인데 그렇다면 고단한 내 노고가 무슨 소용이냐며 수시로 억울함을 토로했다. "이런 결혼은 불공정 게임이다. 이건 나에 대한 당신의 예의가 아니다"라면서.

실력 있는 기자, 현장에 서면 살림 냄새 안 피우는 전문인이 되길 바랐던 내 아버지에 대한 죄송함 역시 나를 괴롭혔다. 국문학자로서 이름을 알렸던 내 아버지의 '자랑스러운 외동딸'이 남의 아들 뒤치다꺼리에 날마다 종종댄다는 생각이 들면 약이 오를 대로 올랐다. 그런 마음이 들끓으면 나는 금세 일자무식쟁이, 미운 사람으로 돌변했고 집안은 어둡고 살벌해졌다.

나는 '네 덕'과 '내 덕'을 수시로 저울에 달며 상대의 저울 눈금이 야박하다고 악악댔다. 돌이켜보면 '내 덕'을 생색내고 '네 덕'을 보려 할 때 나는 오히려 불행했다. 부부도 친구 관계도 어그러졌고 마음은 강퍅해지고 서운함이 많았던 것 같다.
내게 공부할 시간도 주지 않고 억울함을 느끼게 한 '하찮은 집안일'

이 결코 하찮은 일이 아니라는 걸 깨달은 건 그리 오래되지 않았다. 밥을 짓는다는 것이 밥 이상의 의미가 있으며, 집안을 정결하게 하는 게 청소 이상의 의미가 있다는 것, 크고 작은 일로 서로 '지지고 볶는' 일들이 가족에게 따뜻한 둥지를 만들어주는 씨줄과 날줄로 작용한다는 것을 말이다.

비록 동창 친구 모임일지라도 그 무리 속에 '내 덕'을 보게 하겠다는 이가 단 한 사람만 있어도 그 모임에 사랑이 자라고 오래 지속된다는 것을 뒤늦게 깨닫게 된 것이다.

#3.

요즘 딱 결혼 적령기의 자녀들을 둔 내 또래 고교, 대학 동창들. 주말이면 줄줄이 결혼식에 참석하느라 자주 부닥치는 그들이 약사 신부의 서약을 놓고 부러움을 토로한 것은 아마도 혼례 준비 기간 중 몸소 겪었던 부담과 불편 때문이 아닌가 싶다.

"둘이 벌어서 월세 집부터 시작하라 했더니 '그건 아깝다'고 하더라. 그래서 전셋돈이 모일 때까지 부모 집에서 함께 살자 했더니 그것도 '신경 쓰여서' 싫단다.

결국 부모는 어찌 됐든 집을 팔거나 대출받아 전셋돈을 마련하라는 거지. 남녀평등 좋아하는 요즘 애들, 집 문제만 나오면 왜 신랑 쪽 몫이라며 발뺌을 하는 거냐? 그거 부끄러운 짓 아니니? 왜 부모의 노후는 안중에도 없는 거야."

최근 청첩장까지 돌린 후 결혼이 파기돼 '결혼 무효 알림장'을 다시 보내야 했던 한 친구, 그 사이 마음고생이 심했던지 부쩍 수척해진 얼굴로 열을 올린다.

요즘 집 문제로 양가가 다투다 혼사가 없던 일이 되는 경우도 심심치 않다. 돈 없는 부모에게는 애지중지 키워온 자식의 결혼이 기쁨보다는 일생을 짓누르는 빚쟁이처럼 무서운 것이다.

요즘 대부분의 신부들, 직장을 갖고 있고 신랑 수입과 합산하면 연봉도 만만치 않다. 정신적, 육체적, 경제적으로 하향길에 있는 부모 세대보다 얼마나 단단하고 희망적인가.

신부든 신랑이든 내 배우자, 내 가족, 내 친구, 내 이웃, 내 나라가 조금이라도 '내 덕'을 보게 하겠다는 자세로 모든 일에 임한다면, 아니 적어도 '네 덕'을 보겠다는 생각만이라도 접으면 결혼생활은 물론 만사형통하지 않겠는가.

살면서 '말씀의 내 덕' '마음 씀의 내 덕' '물질 씀의 내 덕'이 '네 덕'

을 본 것보다 풍성해진다면 현민 유진오 선생 말씀대로 성공한 인생이 아니겠는가.

어디서든 한발 먼저 베풀면, 분명 '되로 주고 말로 받는' 날이 머지 않아 오리라. 살아보니, 인생사 '거저'가 없는 법이더라.

결혼의 첫 관문, 상견례
– 시작부터 조심하라

"넌 그저 입 다물고 가만있는 게 상책이야. 꼭 그래야 한다. 응?"

친한 친구들이 예비 사돈과의 상견례를 앞둔 K를 두고 하나같이 하는 말이었다. 이유인즉슨 "얘, 신부 엄마가 겁먹겠다. 평범하지 않은 네 경력에 딱딱한 말투, 뻣뻣한 태도……." 그 친구들 이 정도로 표현하지만 웬만큼 사는 강남 신부 엄마들 간에 회자되는 '골치 아픈 시어머니' 상과 K가 거의 비슷하단다.

게다가 그 나이에 단발머리, 화장기 없는 얼굴까지 '딱'이란다. 한마디로 '밥맛'이란 말이렷다.

할 수 없이 '집안 대변인'인 K는 입을 꼭 다물기로 했다. '과묵한' 남편이 총대를 메기로 한 거다.

"여보, 일단 신붓감 칭찬부터 해야 하는 거 알죠. 덕담으로 시작해서 덕담으로 끝내야 한다네."
친구들의 경험담은 물론이거니와 며칠 전 백화점 문화센터에서 친구와 함께 수강한 '혼인 예절' 강의에서도 그렇게 시켰다며 남편에게 사전 주의를 줬다고.

몇 군데 답사 끝에 그중 전망도 좋고 원탁이 제법 커서 멀찍이 떨어져 앉아 상견례 대면하기에 좋을 장소를 골랐단다. 예비 사돈 만나기 전의 초조함이 수십 년 전 K가 예비 시부모를 처음 대면할 때보다 더 하더란다.

"아유, 어서 오세요. 정말 반갑습니다."
예비 사돈인 그들이 등장했을 때 상대를 순간 파악하느라 K의 눈과 머리가 빛의 속도로 움직이더라나.

"아, 첫인상이라는 게 이렇게 상대의 전 인생을 초 단위로 파악하게 하는 중요한 것이구나."
나중에는 그런 생각도 들었단다.

"세상에 이보다 더 뜻깊은 자리가 있을까요?"
착석 후 잠시의 침묵을 못 견디고 K가 한마디 했단다. 남편이 먼저 나서기로 한 걸 잠시 잊을 정도로 긴장한 모양이다. 사랑하는 아들의 전 인생과 행복이 달린 결혼, 그 상대 가족을 만나는 상견례 자리, 이게 개인사의 '역사적인 순간'이란 생각이 들어 절로 말이 나오더란다.

항상 무덤덤한 남편이 잘해낼까 조마조마했지만 아내가 시키는 대로 주섬주섬 한마디 하더란다.
"착하고 예쁜 따님을 우리 아이 배필로 맞게 돼서 감사드립니다."

신붓감 아버지는 신랑감이 인사차 자기 집에 왔을 때 '과연 내 딸을 잘 이끌어갈까?' 하는 의구심이 들었단다. 너무 어려움 없이 자란 듯해 한마디로 유약해 보인다는 요지였다. 그래서 나중 딸에게 물었단다. 신랑감의 어디가 그렇게 맘에 드느냐고. 그랬더니 딸이 하는 말, "유머러스하고 성실하며 실력이 있어서"라고 했다나.

신부 아버지의 그 말을 들은 순간 '뭘 잘 못 들었나?' 하고 잠시 어리둥절했다는 K의 부부. 순간 당황했지만 '아직 한참 철없어 보이는 내 아들 녀석을 보곤 그런 생각이 들 수도 있겠지' 하며 이해하기로 했다고.

'그래도 그렇지. 여긴 상견례 자리 아냐? 저 사람 좀 경솔하네. 나라고 욕심이 없겠나. 서로 좋다 하니 가만히 있는 건데 뭘 모르네.'

겉으로는 웃고 있었지만 그런 생각이 마구 스쳐가더란다.

'이제 슬슬 발동을 걸어야 할 때가 된 것 아냐? 자칫하면 깨진다, 깨져. 나중에 그 원망을 아들한테 어떻게 듣는담?'

순간 K의 머릿속이 복잡해졌단다. 가끔 웃으면 훨씬 낫다는 소리를 듣는지라 분위기를 누그러뜨릴 겸 자꾸 웃어 보이면서 슬슬 말을 시작했다. 애들이 갈 신혼 여행지가 어떻고, 두 분의 취미는 무엇이냐는 등.

그러다 이미 혼례를 치른 친구들이 "신부네가 상견례 자리에서 제일 궁금해하는 것이 예단, 혼수 문제더라"라고 해서 자리가 끝날 무렵 먼저 빌미를 제공했다고.

"한때는 첫째 아들은 최고의 결혼식을 치러야겠다고 생각했어요. 그런데 지금은 아닙니다. 요즘 다들 어렵기도 하지만 설사 사정이 좋아도 지금은 '작은 결혼식'을 하는 게 옳다는 쪽으로 생각이 바뀌네요. 애들이 경제적, 정신적, 육체적으로 훨씬 부모 세대보다 희망적 아닌가요. 둘이 버니 연봉도 꽤 많고. 한마디로 전세든, 월세든 집 장만은 둘이 알아서 자립하라 말하고 있습니다."

상견례 이전에 이미 두 아이에게 언질을 준 바이지만 그 당시 "신붓집서 신랑네 보내는 예단, 혼수는 생략해도 좋다"고도 한 터였단다. 집 얘기가 나오자 이때다 싶었는지 예비 바깥사돈이 말을 받았다고 한다.

"그런데 정말 괜찮으시겠어요? 다들 시어머님들께서 결혼 때 밍크코트나 명품 가방 등을 받으시던데요. 하하."

그가 또 한 번 K 부부를 당황하게 하였다. 아니, 안 받겠다는 확인 서약이라도 하라는 건가. 무응답도 대답이라고 듣고 가만히 있으려다 한마디 하게 되더라고.

"아닙니다. 전 그런 물건에 관심이 없을뿐더러 제 취향도 아닌걸요. 호호."
남편이 곧이어 멋쩍은 듯 거들더란다.
"우리 집사람, 그런 물건에 욕심이 없는 사람이에요. 하하."

연실 웃으며 부드럽게 하려고 애쓴 덕분인지 안사돈이 끝날 즈음 한마디 하더란다.

"아유, 어머니께서 참 온화하시네요."
예상보다는 덜 까칠하다는 말이렷다. 암튼 그 한마디가 듣기 좋았

던지 전반적인 분위기가 부드럽게 마무리되더란다.
K가 하는 말, "어디서든 역시 칭찬은 하고 볼 일인가 봐"라고 해서 모두들 웃게 됐다.

하지만 나중에 집으로 돌아오는 차 속에서 "여보, 그 집 우리가 신혼집 마련 안 해준다니까 우릴 너무 쉽게 생각하는 거 아니야? 시어머니 될 사람에게 '밍크코트 안 받아도 괜찮겠냐?'고 다짐하듯 묻는 게 무슨 매너지?"하고 따지자 도통 기분을 잘 내비치지 않는 남편이 말하더란다.

"그렇게 듣는 건 당신 자격지심일 수도 있어. 근데 우리 아들 평가할 때 당신이 맞받아칠까 봐 조마조마했어. 당신 말하면 세게 하잖나. 하하. 당신 오늘 잘 참았어. 우리 마누라, 역시 아들이 무섭긴 한가 보네."

"얘, 너 예단비로 신부네에서 봉투가 오면 얼마나 되돌려보낼 거니?"
상견례 결과가 궁금하다며 친구들이 K에게 질문을 던진다.
"글쎄다. 도처에 물건이 넘치는데 뭐가 더 필요하니? 그냥 다 돌려줄까 해."
"얘, 그건 좀 아니다. 그럼 상대가 오해하니 요즘 관습대로 얼마가 오든 반만 돌려보내라."

"혼수 문제로 설사 서로 실수가 있다 해도 세상에서 가장 소중한 관계를 맺는 과정에서 생긴 일이니 뭐든 선의로 해석하자고 말하면 상대가 내 진심을 이해하지 않을까?"

"제발 튀지 말고 남 하는 대로 좀 하렴."

친구들이 한마디씩 던진다.
"너무 제 주장을 내세우는 것, 지독한 오만이거나 콤플렉스인 거 모르니? 네가 잘 살면서도 평소 검소함을 긍지로 여기며 살아온 거 알지만 요즘 신혼부부들의 로망이라는 그 브랜드 명품 시계, 명품 빽, 그냥 눈감아주렴. 지들이 번 돈으로 한다잖니. 아니면 평생 원망한단다."

"아냐, 그건 절대 못 해. 설사 돈이 많다 한들 내가 그 신성한 함 상자에 허영덩어리를 넣어 선사할 순 없지. 그건 모욕적인 일이야."

몇 번의 고심 끝에 결국 신랑, 신부는 K의 뜻을 존중해 평소 각자 쓰던 옛 물건들을 모아 살림을 차리기로 하고 호화 예물을 깨끗이 포기했단다.

"상견례 그거 결혼의 첫 관문 아니니? 그거 잘못하면 설사 결혼을 해도 양가의 갈등이 일생을 갈 수도 있겠더라. 지구상의 수십억을 제

치고 부부로 맺어지는 그 기막힌 인연을 생각하니 숙연해지더라."

평소 상대 안 가리고 바른말 잘하기로 둘째가라면 서러워할 K의 상견례 소감!
"그래, 잘 참았네. 세상에서 제일 무서운 게 자식인가 보다."

누군가의 말, 맞는 얘기다.

사랑의 유효기간은 3개월
- 3개의 문을 통과하라

오늘 이 사람은 특별한 감동으로 이 자리에 섰습니다. 신랑의 부친 되시는 분은 오랜 세월, 친동기처럼 가깝게 지내온 후배이고 일찍부터 신랑의 사람됨을 잘 알고 있기 때문입니다.

그래서 신랑처럼 반듯한 청년을 짝으로 만난 신부야말로 복 받은 사람이라고 생각했는데 막상 신부를 만나보니 우리 신랑이 사람 보는 안목이 있구나, 칭찬하지 않을 수 없습니다.

신랑, 신부는 화목한 집안에서 자라 고등교육을 마치고 좋은 직장을 다니는 정말 근사하고 멋있는 한 쌍입니다. 보통은 청첩장을 봐도 모시는 글을 잘 읽지 않는데 참 맘에 드는 글이라 이 자리에서 다시

인용합니다.

'햇살 따스한 봄날 운명처럼 만나 사랑을 키워온 저희는 따뜻한 마음으로 배려하고 넉넉한 마음으로 감싸주며 한결같은 마음으로 늘 사랑하며 살겠다'고 다짐하고 있습니다.

이렇게 굳은 심지와 각오를 가진 부부에게 무슨 말을 더 보탤 게 있겠습니까?

그러나 영국 속담에 남녀가 만나 사랑하는 시간은 고작 3개월 정도에 불과하고 3년을 싸우다가 30년을 참는 것이라 했고 덴마크 사람들은 벙어리 남편과 장님 아내가 가장 행복한 부부가 된다고 말합니다.

결혼은 나를 버리고 우리를 만들어가는 과정인데 나를 버리기가 그만큼 어렵기 때문입니다. 나무는 꽃을 버려야 열매를 맺을 수 있고 강물은 강을 버려야 바다에 이를 수 있습니다.

그러나 인간의 습관은 자신이 아닌 어떤 사람도 바꿀 수 없습니다. 그러니까 결혼 전에는 두 눈을 크게 뜨고 결혼 후에는 한쪽 눈을 감으라, 좋은 면만 보는 눈만 뜨라고 합니다.

그런데 처음부터 버릇을 고쳐 놓겠다고 말과 행동을 함부로 하면 한평생 원한만 사게 됩니다. 처음이니까 더욱 자주 보듬고 서로 다른 점은 받아들이는 연습부터 해야 합니다. 서로 다르기 때문에 매력을 느끼고 생물학적인 진화도 일어납니다.

하지만 그 다름 때문에 갈등과 다툼이 생깁니다. 그래서 서로 어떤 때 무엇을 원하는지 적극적으로 자신을 알려야 합니다. 자신이 좋아하고 싫어하는 바를 제대로 알게 해야 서로를 시험하지 않게 됩니다. 부모와 배우자와 자식은 비교 대상이 아닙니다. 그런데도 비교하고 시험하려 들면 그 순간 멀어지고 불행해지기 때문입니다.

부부는 동기 지간이 아닌 이성 지간입니다. 가끔은 설레는 마음을 가질 수 있어야 합니다. 그래서 영국에선 예의를 지킨다는 뜻으로 'keep your distance.' 적당한 거리를 유지하라고 합니다. 모두 다 보여주지 말고 한구석 신비로움을 남겨야 매력을 잃지 않게 됩니다.

결혼생활의 기본에 산울림의 법칙이 있습니다. 마음을 울리고 감동을 주면 더 크게 받는다는 말입니다. 그리고 사랑은 돌처럼 그 자리에 가만히 놓아두는 것이 아닙니다. 빵처럼 늘 새롭게 구워야 합니다. 사랑 사용법을 잘 익혀야 합니다.

참된 사랑은 위대하거나 엄청난 사랑이 아닙니다. 따뜻해서 힘을 얻는 말 한마디 그리고 조그만 배려들을 탑을 쌓아가듯이 모아가는 겁니다. 서로 존댓말을 쓰는 것도 좋은 예가 됩니다. 그래서 결혼은 작은 이야기들이 이어지는 긴 이야기라고 하는 것입니다.

인디언들은 말을 달린 뒤 잠깐 쉬며 영혼이 따라오기를 기다린다고 합니다. 하루 잠깐이라도 마음의 문을 여는 시간을 가져보시기 바랍니다.

그리고 시간이 흘러 신랑, 신부들은 어느 날 자식을 갖게 될 날이 옵니다. 그때에는 온갖 정성을 다해 내 자식에 대한 신화를 만들 수 있어야 합니다.

믿음과 사랑과 화목이 함께하는 가족의 역사 앞에는 세 가지 문이 있습니다.

첫 번째 겸손의 문을 지나야 두 번째 미덕의 문이 나옵니다. 미덕은 욕구를 견디고 고됨을 이기며 분함을 참는 것입니다. 이 두 문을 넘어야 비로소 세 번째 영광의 문을 열 수가 있습니다.

영광은 받는 것이 아니라 더 귀한 분에게 돌려드리는 것입니다. 그래서 영광입니다. 모쪼록 위대한 사랑의 힘으로 첫 번째 관문인 겸손의 문으로 걸어가십시오.

이상은 지난해 4월, 한 결혼식에서 행한 전용수 전 인하대 부총장의 주례사이다. 짧은 주례사이지만 새로 출발하려는 예비 부부들이 꼭 새겨야 할 금과옥조를 담고 있다.

결혼이라는, 전 생애에 걸친 마라톤은 유효기간이 짧은 연애시절의 사랑에 의해 저절로 성취되는 것이 아님을 부디 명심해야 할 일이다.

결혼 축하합니다

    사람은 처지에 따라 같은 말과 내용도 다르게 받기 마련이다. 특히 감정이 고양된 상태에서는 평소 하던 말과 노래도 저마다 다른 의미로 다가온다. 인생 최대의 사건이며 전환점인 결혼에 임한 사람들은 감정의 최정점에서 환희의 웃음과 울음을 쏟아낸다.

    혼인 선서로 '백년가약'이 맺어진 후 이어지는 '사랑의 축가' 역시 그 의미가 큰 울림으로 다가온다. '결혼 축가 베스트'로는 여러 가지가 있지만 김동률의 '감사'와 김동규의 '시월의 어느 멋진 날에', 성시경의 '두 사람' 등이 상위 순서에 손꼽히고 있다.

    가수 김동률이 작사, 작곡, 노래한 '감사'는 가사만 봐도 가슴이 설

렌다고 젊은이들이 입을 모은다. 이 노래를 상대에게 불러주고 싶어 결혼하고 싶다는 친구도 있단다.

그 누구에게도 내 사람이란 게 부끄럽지 않게 날 사랑할게요/단 한 순간에도 나의 사람이란 걸 후회하지 않도록 그댈 사랑할게요/이제야 나 태어난 그 이유를 알 것만 같아요/그대를 만나 죽도록 사랑하는 게 누군가 주신 나의 행복이죠/이제야 나 태어난 이유를 알 것만 같아요/그대를 만나 죽도록 사랑하는 게 누군가 주신 나의 행복이죠/

- 김동률의 노래 '감사' 중에서

운명적 만남을 노래하는 아래의 시, 정호승의 '우리가 어느 별에서' 역시 결혼 축가로 자주 불린다. 졸지에 신랑, 신부들의 눈물샘을 자극한다.

우리가 어느 별에서 만났기에 이토록 서로 그리워하느냐/우리가 어느 별에서 그리워하였기에 이토록 서로 사랑하고 있느냐/사랑이 가난한 사람들이 등불을 들고 거리에 나가 풀은 시들고 꽃은 지는데/우리가 어느 별에서 헤어졌기에 이토록 서로 별빛마다 빛나느냐

- 정호승의 시 '우리가 어느 별에서' 중에서

가수 이승기의 노래 '나랑 결혼해줄래'는 그 경쾌함과 달콤함이 잔

잔한 미소를 머금게 한다.

내가 더 사랑할게 내가 더 아껴줄게/눈물이 나고 힘이 들 때면 아플 때면 함께 아파할게/평생을 사랑할게 평생을 지켜줄게/너만큼 좋은 사람 만난 걸 감사해/매일 너만 사랑하고 싶어/

— 이승기의 노래 '나랑 결혼해줄래' 중에서

오래전 비틀즈가 불렀던 'When I am 64'는 변함없는 사랑을 갈망하는 노래다. 이따금 옛것에 관심 있는 젊은이들이, 혹은 재혼에 접어든 중년 커플들이 축가로 선택해 자식들을 둔 부모 세대 하객들의 호응을 받는다.

비록 사랑이라는 것이 한순간 덧없는 불꽃이라 해도 그래도 변함없이 사랑하자는 호소며 절규다. 폴 매카트니가 가볍고 밝은 톤으로 노래해 오히려 슬픔을 자아내는 노래다.

사랑은 두 사람 얼굴에 주름살이 가득해도, 상대의 머리칼이 빠져도, 평범한 일상에 시들고 지쳐도 나를 필요로 하는 것이고, 사랑은 지속될 수 있는 거냐며 묻는 노래다. 자신의 나이 64세, 할아버지가 되어도 말이다. 지금은 1백세 시대가 된 마당에…….

그 나이가 되어도 카드와 와인을 마련해주고 늦게 들어왔다고 투정하며 내게 밥을 먹여줄 거냐고 묻는다.

그 나이에도 수명이 다한 전기 퓨즈를 갈아 방안을 밝혀줄 수 있는 자신의 쓸모를 이야기하며, 당신은 난롯가에서 스웨터를 짜고 마당에 풀을 뽑고 텃밭을 가꾸고 쉬는 날에는 드라이브를 떠나는 일상이 유지되길 바라면서 덧없는 사랑, 쓸모가 있어야 이어지는 사랑이 자꾸 "그래도 나를 필요로 할 거냐"고 묻고 있어 쓸쓸한 미소를 자아낸다.

원문으로 들여다보면 맛이 한결 달라진다. 모국어가 아닌 다른 나라의 말이 주는 모호성 때문에 더욱 그렇다.

When I get older, losing my hair/Many years from now/Will you still be sending me a Valentine Birthday greetings,/bottle of wine/If I'd been out till quarter to three/Would you lock the door/Will you still need me/Will you still feed me/When I'm sixty four/

You'll be older too/And if you say the word/I could stay with you/I could be handy, mending a fuse/When your lights have gone/You can knit a sweater by the fireside/Sunday morning go for a ride/Doing the garden,/digging the weeds/Who could ask for more/Will you still need me/Will you still feed me/When I'm sixty four/

– 비틀즈의 노래 'When I am 64' 중에서

한 아버지가 외아들의 결혼식을 맞아 부른 다음의 노래도 자식에 대한 부모의 간절한 염원을 담아 눈길을 끈다.

사랑은 온유한 것이고/오래 참는 거란 걸 알고/사랑하는 ○○와 ○○이 늘 그 길 택하게 하소서/온갖 아픔과 시련 꿋꿋이 헤쳐온 이들/이제 눈부신 햇살 환하게 비추네/기원합니다 아름다운 사랑 행복 가득하길/축하합니다 하늘이 맺어준 사랑의 결실/

작고 부족한 것에도/만족은 깊게 하시고/사랑하는 ○○와 ○○이 많은 감사 발견케 하소서/험하고 거친 세상 서로가 등불 되어주네/이제 어여쁜 꽃들 날마다 피어나네/기원합니다 아름다운 사랑 행복 가득하길/축하합니다 하늘이 맺어준 사랑의 결실/

– 진용의 노래 '축하합니다' 중에서

* 이 축가는 신랑 아버지인 진용 박사(전 삼성경제연구소 기획실장)가 아들의 결혼식에 맞춰 두 예비 부부가 잘 살아주길 염원하는 마음으로 작사·작곡해 결혼식 당일 현장에서 직접 기타를 치며 불러 많은 하객들의 감동을 자아낸 노래다.

내친김에 위의 여러 축가들 멜로디도 유튜브에서 검색해 꼭 들어보길 권한다. 결혼의 소중한 의미를 새삼 음미하게 하니까.

Part II. 달라지는 세상, 변하는 결혼 풍경

- 수퍼우먼을 포기하라
- 딴 주머니를 차라
- 집에서 놀고 있다고?
- 위대한 엄마, 곧 아내로 리턴
- 왜 아들만 챙기느냐고요?
- 뒤늦은 홀로서기
- 여자도 아내가 필요해
- 닭살 부부가 부럽다고? - 우리 부부는 남매지간
- 성생활, 알면서 모르는 척, 아니까 더 좋은 척
- 어느 비루한 남자들이 사랑법
- 남자들을 다 그래 - 착각하지 마라

Part III.

당신, 언제 철들래?

수퍼우먼을 포기하라

"나도 평생 직장을 다녔는데, 내가 당신한테 집안일 시킨 적 있어?"

이건 내가 일생을 우려먹는 단골 메뉴다. 아마 듣는 사람 귀에 딱지가 맺혔을 터이지만 상대는 이렇다저렇다 말이 없다. 아마도 속으로 '평생 생색을 내는구나, 저 인간……'이라며 내 얕은 바닥을 측은지심으로 바라보고 있을지도 모르겠다.

"이거야 참, 누가 그러라고 했나. 자업자득이지."

사실 그가 이렇게 따지고 들어도 난 할 말이 별로 없다. 당시만 해도 맞벌이가 별로 익숙하지 않은 데다 그 집 식구들은 내가 결혼 후 직장을 그만두길 원했으니까. 나도 남자들처럼 한 가정쯤은 책임질 수 있는 사람이고 싶다며 퇴사 제안을 거절했고 그는 그냥 '너그럽게' 동의한 죄밖에 없다. 나 또한 그저 힘들게 직장생활을 하고 들어왔는데 왜 집안일은 일생 내 차지가 되어야 하느냐는 한풀이를 하는 것뿐이다.

누가 굳이 하라고 했나. 둘이 벌어 여유가 있는데 알아서 일하는 사람을 매일이든 필요한 만큼 써 청소와 식사는 해결하면 된다. 그것도 안 되는 휴일에는 외식으로 세끼를 때워도 누가 뭐라 했는가 말이다. 그건 순전히 내 선택이었다.

아줌마를 매일 쓸 정도의 일이 아니니 돈을 낭비하기 싫으니까, 집에 남은 음식이 있는데 마저 먹어치우려고, 먼지가 쌓이면 당장 내 눈이 못 참으니까 등등의 이유로 내가 제풀에 앞서가며 일을 해치우는 거다.

청소나 쓰레기 분리수거를 가르쳐 시켜먹느니 "내가 한다. 내가 해!"라고 했다. 그러고 보니 나는 자질구레한 일로 집에 오면 직장에서보다 더 바빠졌다.

그러고는 나도 그처럼 퇴근 후 느긋하게 책도 읽고 신문이나 텔레비전 뉴스도 봐야 하고 지인들과 회식자리고 갖고 문화생활도 해야 하는데 집안일에 지쳐 모든 걸 뒷전으로 밀어두었다가 피곤에 절면 몇 달 치 잔소리를 두서없이 풀어놓아 상대를 질리게 하는 것이다.

내가 왜 모르랴. 상대가 내가 한 것을 고마워하기는커녕 생색내는 잔소리에 신물이 난다며 속으로 욕을 바가지로 퍼붓고 있음을. 그러니 애당초 길을 잘못 들여놓은 거다. 후일을 위해 조금 더 머리를 써 인내를 갖고 할 일, 안 할 일을 계획적으로 골라서 했다면 지금쯤 나는 대접 받으면서 저절로 상대가 고마운 마음에 안절부절못하게 하였으리라.

이제는 고마움은 없고 아예 당연한 거다. 당연한 일을 하면서 불만을 소리높여 해대니 나만 한심하고 속 좁은 인간이 되는 거다. 작은 거 아낀다고, 시간 활용을 극대화한다고, 스스로 성취감에 뒷날 생각 안 하고 조급하게 굴었다간 후회막급이다.

무엇보다 중요한 건 고급 인력(?)의 시간과 에너지를 그렇게 탕진하지 말고 장기적 차원에서 보다 생산적으로 활용하면 직장에서 자나 깨나 저 높은 고지를 향해 끈질기게 사다리를 타고 있는 주변 남성 동지들 아마 여러 명 때려눕힐 수 있을 거다.

세월이 가면 집토끼, 산토끼 다 놓치고 빈손 보며 후회하며 땅을 칠 일이다. 이왕 들어온 직장에 올인할 것. 만약에 대비해 늘 공부해 놓을 것, 위로 올라갈수록 높은 자리는 적고 경쟁은 심해지니 머지않아 내 인사를 좌지우지할 바로 위 선배도 존중하며 대할 일이다.

너나 나나 비슷한 처지라며 아무 얘기나 떠벌리지 말고. 직장 경력 한참 후 어리석은 내가 깨달은 일이다. 나름대로 직장에도 소리 없이 누구 계, 누구 사람 등으로 불리면서 줄서기를 은밀하게 하고 있는데 내가 그딴 일에 곁눈 한 번 준 적이 있느냐 말이다.

주위에서 '수퍼우먼' 운운하면 그거 은근히 비웃는 거다. 칭찬으로 알면 이미 늦은 거다. 당신이 알아서 모든 걸 해치우려는 건 일종의 강박증이다. 시간에 대한 강박증, 일에 대한 중독증, 성취에 대한 강박증 말이다. 그러니 나 아니면 안 되는 아주 꼭 필요한 집안일 아니면 후순위로 미루라. 그럼 누군가가 하게 되어있다.

그래야 준비된, 프로다운 직장인으로 대접받고 집에서도 함부로 대하지 않는다. 장기적 차원에서 보면 유능한 직장인으로 오래 살아남고 남편에게 대접받고 집안의 평화도 유지하게 되는 거다.

남편들, 아내들이 집안일 잘해왔다고 절대 고마워하지 않는다. 오히려 직장에서 꿋꿋하게 성공한 여자를 훨씬 멋있어한다. 입장을 바꿔놓고 생각해보라.

여자라고 예외가 아니다. 정답이 나온다.

딴 주머니를 차라

맞벌이인 우리 부부는 월급을 타면 각자 알아서 썼다. 처음엔 상대도 집안 살림을 맡아 하는 내게 월급봉투를 주려고 했다. 내가 그냥 각자 알아서 쓰고 남는 돈은 목돈이 필요할 때 합쳐서 쓰자고 했다. 가뜩이나 셈도 느리고 관리도 버거운데 남의 돈까지 가져다 골머리 썩힐 일 있느냐며 아주 느긋했던 거다.

집안의 경조사, 외식, 부모님 용돈, 여행 보내드리기 등등 하다 보니 다 내 차지가 됐다. 이유는 간단하다. 그의 씀씀이가 맘에 안 들고 태도가 굼뜨다는 것이 대부분의 이유다.

집안일에 별 관심도 없고 내가 귀띔을 해야 알아차리니 나처럼 성질 급한 사람은 묻지도 않고 알아서 해치워버린 경우가 비일비재하다.

"어차피 나가는 돈 아무나 우선 내면 어때?"
이게 내 스타일이다. 나는 후다닥 급하게 마무리를 해야 직성이 풀리는 인간이다. 좀 대충할지라도 속전속결이 전공이다.

가끔 스스로 자조한다. 이것도 일종의 직업병이라고. 내 직업 성격상 어기적거리다 마감 시간을 놓치면 제아무리 콘텐츠가 좋아도 무용지물이 된다는 걸 평생 체득한 때문이 아니었을까? "우선 뭐든 정해진 짧은 시간 안에 완결하는 게 중요하다. 내용은 그다음 보충하고 다듬으면 되는 거다"가 내 주제가였기에.

나중에 둘이 합쳐 집을 사면서도 등기는 그 사람 이름으로 했다. 내가 서류 작업에 참여하는 일이 번거로우니 알아서 당신 이름으로 하라고 했다. 그게 어디 가겠느냐며. 뭐 그리 각박하게 네 이름, 내 이름 따지랴.

다른 재산 관리도 다 그 모양이었다. 내 명의로 한 것은 단연코 한 건도 없었다. 일부 은행 대출을 받아야 하는데 내가 왜 남의 돈을 꿔야 하느냐면서 당신이 다 알아서 하라고 했다.

내 통장의 비밀번호도, 인감도장도 알아서 맡아 쓰라고 했다. 까짓 거 돈은 늘 벌 수 있다고 호기를 부리면서 말이다.

그 직장 내가 원하면 평생을 간다는 자신감이 있었다. 제 성질 못이겨 수시로 사표를 던지면서도. 이상하게 돈은 항상 내 편이라고 굳게 믿었다. 된통 당한 적이 없었던 거다.

문제는 통장에 담긴 돈이 눈에 보이기 시작하면서 시작됐다. 직장을 그만두고 곶감 꼬치 빼먹듯 돈을 쓰다 보니 그것도 여전히 내 주머니에서 먼저 소비하다 보니 잔고가 부쩍 줄어들면서 슬슬 예민해지기 시작했다. 남은 세월을 따져보니 슬슬 위기감이 몰아쳤다.

그 좋은 직장을 그만두니 마누라에 대한 대접이 더욱더 시원찮아진 것 같다는 느낌과 함께 슬슬 예민해졌다. 그의 이름만으로 된 자산이 신경 쓰이기 시작했다. 나는 서류상 엄연히 빈털터리인데 혹 헤어지기라도 한다면 나는 내 몫을 돌려받기 위해 얼마나 고군분투해야 할까 하는 생각에 덜컥 겁이 났다.

그래서 점검을 시작했다. 때는 이미 일이 터진 뒤였다.
아뿔싸! 그는 여기저기 은행 대출을 받아 주식과 선물 투자로 상당 부분을 날린 뒤였다. 나 몰래.

나머지를 건져 내 통장으로 옮기기 위해 나는 생전 하지 않던 아양을 떨고 가련한 모습으로 읍소해 일정 부분 확보하는 데 성공했다.

그 사이 경제적인 면에 있어서의 나의 느긋함과 의젓함은 온데간데없이 사라졌다.

치사하더라도 생존이 달린 문제니 '내 것' '내 몫'이 필수였던 거다. 그래야 스스로 강하게 존재할 수 있음을 처음으로 깨달았다. 적어도 내 경제적 생명이 온전히 남편 손에 달렸다고 생각하니 자존감이 무너지는 통증이 뒤따랐다. 무엇보다 '나 몰래, 나를 속여가며?'라는 생각에 울분을 참기 힘들었다.

'내가 평생을 벌었는데, 내가 얼마나 기여했는데, 이게 뭐냐, 도대체 내 꼴이……'하는 생각이 들어 그 억울함과 분노에 잠을 설쳤다. 이럴 수가 있는 거냐며 상대를 닦달했고 평생 평화롭던 집안은 당장 박살이 날 듯 위기감이 몰아쳤다.

그는 "당신이 알기 전에 좀 멋지게 만회해보려고 자꾸 빠져들다 보니 그리됐다"며 여러 차례 용서를 빌었다. 자신도 정말 피 말리게 괴로웠다며.

한동안의 고민 끝에 그의 말을 받아들이고 믿기로 했다. 아니면 이 나이에 무얼 어찌하겠다는 건가.

그 '짠돌이'가 나 몰래 얼마나 고통스러워했을까 생각하니 오히려 측은해졌다. 누구든 실수는 있는 거라며. 그리고 '컵의 물이 반밖에 없다'가 아니라 '아직 반이나 남았다'는 긍정적인 생각을 하기로 했다.

이게 일생을 닦아온 부부의 정이라는 건가 보다. 상대의 입장을 측은지심으로 헤아리는 것. 그게 아니면 달리 치유의 방법이 없으니까. 나 자신을 위해서라도 받아들이자고 결심하니 '그까짓 거' 하는 생각이 들었다.

'그래도 나는 아직도 건재해' 하는 생각과 함께 이제는 만회하기 위해 노심초사하는 상대에게 "여보 그만하면 됐어. 소박하게 살면 돼. 큰 부자가 아니라면 다 거기서 거기야. 걱정하다 병나겠다"라고 말할 정도로 가라앉았다.

물론 우리가 다시 조용히 친구 같은 부부로 돌아온 것은 그나마 남은 것이 있기 때문일 거다. 게다가 지인이 들어달라 해서 마지못해 여기저기 들었던 적금들이 그렇게 고마울 수가 없는 거다. 두 사람이 직장을 다니면서 연금도 부었으니 그럭저럭 살 만하니까.

나 자신이 이렇게 기특할 수가 없었다. 바보 같은 자신이. 그리고 내게 주문처럼 말한다.

"돈? 그거 먹고살 만하면 그걸로 족한 거야. 욕심은 욕심을 낳지. 한국 최대 부자인 누구네 집안을 생각해보라. 갖가지 고통으로 사면초가가 아닌가."

그러면서도 후배들이 가끔 집안 문제로, 아이 문제로 직장을 그만두겠다고 하면 "애야, 세상에 누굴 믿니? 통장에 돈 없으면 죽은 목숨이야. 인간사 알 수 없으니 부지런히 네 몫으로 저축해라"라는 얘기가 절로 나온다.

이전 같으면 경제력 같은 건 나 몰라라 하고 "정 힘들면 그만두든지……." 아마 그랬을 거다. 먹고살 만해지고 노후를 책임질 수 있을 때까지는 돈, 대단히 중요한 거다.

게다가 스스로 경제적 능력이 있어 자신의 삶을 잘 꾸려나가고 필요한 가족이나 이웃에게 여유롭게 도움이 될 수 있는 사람이 되는 건 얼마나 흐뭇한 일인가. 자신은 물론 누군가에게 언제든 힘이 되어줄 수 있는 사람, 얼마나 멋진가 말이다.
'돈'에 겸손해야 한다.
그리고 부지런히 챙겨놓아야 한다.
'화성에서 온' 웬 인간이 자기 존재 가치를 찾느라 무언가 일을 끊임없이 저질러 다 들어먹기 전에…….

집에서 놀고 있다고?

여전히 우아하고 똑 부러진 H의 하소연.

부부 모임에서 H의 남편이 친구 아내에게 H를 소개하면서 "집사람입니다. 집에서 그냥 놀고 있어요"라고 하더란다. 친구의 전문직 아내가 눈빛으로 H의 하는 일을 묻는 듯하자 남편이 앞질러 한 대답이란다.

남자들이 전업주부인 아내 얘기를 할 때 흔히 하는 말이다. 아내들은 이 말을 듣는 순간 심하게 절망한다.

'세상에 하루 종일 생색도 안 나게 해야 하는 집안일이 얼마나 태산인데 놀고 있다니. 끼니 대령 하루 2번, 30년간 2만 1,900번, 설거지 2만

1,900번, 집 안 청소와 빨래 도합 1만 6,000번, 양복바지와 셔츠 다림질…….'

H는 그 길로 돌아와 자신이 한 일을 남편에게 휴대폰 문자로 날린 후 말없이 장거리 해외여행을 떠났고 남편은 자신의 실수를 싹싹 빌며 앞으로 설거지를 도맡겠다고 나섰단다.

H는 난생처음 이런 계산을 한 후 그 숫자가 엄청나 자신도 놀랐단다. 그리고는 지나간 세월이 주마등처럼 스치면서 설움이 밀려와 여행 내내 엉엉 울게 되더란다.

나 역시 그 숫자에 놀랐다. 한 끼 식사를 마련하는데 장보기부터 조리, 상차림, 설거지까지 얼마나 번거롭고 힘이 드는데. 거기다 아이들 도시락에 학교 진학에서 입시 준비까지. 한국의 아내들보다 바쁘고 유능한 여성들이 과연 이 지구상에 있을까? 거의 전천후에 전지전능한 해결사 수준이다.

이제 주변에서 그런 배은망덕한 망발을 범하는 남자들을 보면 '참 딱한 사람이네'하는 생각이 들고 그 사람의 인격까지 의심하게 된다. 게다가 그런 사람들은 꼭 "집안 식구 먹여 살리느라 등골이 휜다"고 입버릇처럼 말한다. 자신이 하는 일은 가치가 높은 일이고 아내 일은 하찮다고 여기는 게 몸에 밴 것이다.

아내들은 괜스레 이런 생각 없는 남편 앞에 죄인인 양 주눅이 들게 마련이다. 특히나 매달 생활비를 손 벌려 받아쓰는 입장의 친구들은 종종 '치사함'을 떨칠 수 없단다.
게다가 지나가는 말로, 집에 있으면서도 재테크에 성공한 뉘 집 '마누라' 칭찬할 때면 그야말로 세상 살맛이 안 난단다. 우울증에 잠 못 이루는 친구들이 한둘이 아니다.

최근 아내와 사별한 후 일손을 구할 수 없어 스스로 집안일을 책임져야 했던 한 남자 후배는 "아, 정말 집안일이 이렇게 많은 줄 몰랐다"며 "아픈 몸으로 그 일을 묵묵히 다 해낸 아내에게 엎드려 사죄하고 싶은 심정이다"라면서 눈시울을 붉힌다.

두 자녀의 저녁 독서실 도시락까지 하루 2끼 이상의 식사를 준비하면서 아침, 저녁으로 전쟁을 치른다는 그는 "고맙다는 말 한 번 해주지 못한 아내가 사무치게 그립다"고 했다.

오늘부터라도 적어도 아내가 놀고 있다는 말은 하지 마시라. 그리고 "여보, 미처 몰랐어. 당신 정말 수고가 많아. 내가 뭐 도울 일 없을까?"라고 말해보자. 그러면 아내는 환한 얼굴로 이렇게 대답할 거다.

"됐어요. 여보, 고마워요."

아내들이 집안일로 남편에게 투정하는 것은 그를 부려 먹으려 하는 것이 아니다. 해도 해도 끝없는 수고를 좀 알아달라는 절박한 발버둥임을 알자. "말 한마디로 천 냥 빚을 갚는다"는 말이 그냥 생긴 것이 아니다.

아내들은 일상사에 지쳐 그 가혹한 '아내직'에 사표를 던지고 싶다. 아내들도 '아내'가 필요하다. 자신의 가장 소중한 사람이 소처럼 일하는 집안일에는 팔푼이처럼 눈감고 어린애같이 투정해대는 남편 말고 말이다. 하루 종일 노예 또는 비서인 양 묵묵히 온갖 일을 도맡아 하는 '아내', 그 일꾼이 필요한 거다.

'이혼 최고의 나라'라는 오명 아래 오래 살아온 부부의 '황혼 이혼' 조차 갈수록 늘어가는 요즘, 아내 칭찬은 해주지 못할망정 깎아내리지는 말라는 얘기다.

배신감보다 더 사람을 골병들게 하는 게 또 있으랴.
'졸혼', '황혼 이혼', '기러기 남편' 모두 다 남의 일만은 아닌 것이다.

위대한 엄마,
곧 아내로 리턴

가끔 식사를 함께하는 주변 남성들이 "아내가 자식만 챙긴다"며 섭섭함을 토로하는 때가 종종 있다. 가장 먼저 튀어나오는 얘기가 아이들 밥상과 반찬 가짓수가 다르다는 거다.

또 냉장고에서 뭔가를 꺼내 먹으려 할 때 아내가 "그건 놔둬요. 애들 것이니까"하고 말할 때, 반찬이 애들 취향 위주로 되어있을 때 등을 지적한다. 그러면서 "먹는 것을 차별하는 것처럼 치사하고 불쾌한 일은 없다"며 열을 올리니 웃음이 절로 나온다. 실소가 아니고 무엇이랴.

그들은 또 가족 내에서 왕따를 당하고 있다며 비참한 기분이 들 때를 열거하곤 한다. 아이들이 들어오면 현관까지 달려나가 포옹으로 반기는가 하면 남편 퇴근 시 부엌일이나 TV에 눈을 둔 채 건성으로 인사하는 경우가 그렇단다.

게다가 아이들은 엄마와 하던 대화를 중단하곤 제방으로 도망치듯 가버린다는 것. 또 아내는 애들이 공부하고 있으니 TV의 볼륨을 낮추라고 명령하다시피 윽박지른다는 것.

그러다 보니 집안 강아지도 덩달아 자기를 무시한다며 열을 올린다. 이놈들은 아주 눈치 빠르게 금방 상황파악을 하곤 가장이 들어와도 꼬리조차 안 칠 때가 있다고 해서 모두 한바탕 웃고 말았다.
그런데 찜찜한 건 이 힘든 세상에 유일한 휴식처가 되어야 할 가정에서도 남성들이 그런 갈등에 마음 편치 않다면 삶이 얼마나 각박하고 피곤할까 하는 것이다.

또 가장이 그런 마음을 갖는다면 어떻게 집안이 '행복한 우리 집'이 되겠는가 하는 안타까운 마음이 든다. 가장이라는 사람의 마음이 그리 심각하다면 아내들 입장에서 한심하고 웃겨도 그냥 넘길 일이 아닌 것이다.

난 불만이 가득한 그 남성들에게 태고 때부터 여성이란 존재에 박혀있는 모성본능을 가볍게 여기지 말라고 얘기하곤 한다. 아이들에게 어머니는 더 이상 여자가 아니고 '강한 엄마'이기 때문인 것을. 지구상에 살아있는 온갖 생명에 심어진 그런 DNA에 감히 도전하지 말라고 말이다.

내 말은 아이들에게 아내가 쏟는 정성과 사랑을 당연한 것으로 여기라는 거다. 정도가 심해도 기본적으로 그런 생각에서 출발하면 바라보는 시선이 좀 편해지지 않을까 해서다.

"이그 저 동물, 제 새끼 챙기는 것 좀 봐. 그래서 나와 짝짓기를 하고 새끼를 낳고 하니 세상이 굴러갈 수 있는 거야."

새끼에 대한 사랑은 모든 암컷이 살아갈 이유이며 삶의 동력이라고 생각하면 그중 만물의 영장인 여자 사람은 얼마나 그 모성이 대단할까 말이다.

남자들은 이렇게 반박할지도 모른다.
"아니, 예전과 분명 달라. 이제는 나를 고작 돈벌이 수단쯤으로밖에 생각하지 않는 거야."
"이제 돈을 못 버니 날 우습게 봐서 그러는 거야?"

그건 상대와 공유하는 사랑의 차이 때문이 아닐까 싶다. 알다시피 사랑에도 여러 종류가 있다니 말이다.

남녀가 사랑에 빠져 부부로 맺어지면 그 사랑의 유효기간은 불과 2~3년이라더라. 아니 그건 옛말이다. 요즘은 불과 3개월이면 끝난단다. 그리고는 가족이 된 서로가 양보 없는 기나긴 줄다리기를 하기 시작하는 거란다.

그러기에 그다음은 가족 간의 정으로, 측은지심으로 서로를 용서하며 살아가라는 게 아니겠는가. 사실 그게 아니라면 아마 결혼한 사람 대부분이 벌써 이혼했을 거다. 주변에 이혼한 사람들이 득시글거리는 마당에.

아내들은 말한다.
"지금은 사랑이 남녀사랑에서 가족 사랑으로 숙성해 넘어왔으니까요."

그래서 남편은 내 속을 이해하는 편한 상대, 어떤 사람은 '배우자는 바로 나'라는 생각에 자신한테 하듯 소홀해진다고 하더라.
그게 좋은 거다. 연애 시절의 사랑이 계속된다면 그거 힘들어서 어떻게 살겠는가. 할 짓이 아니다. 그 긴장 강도를 가지고 내리 살다 보면 병나기 십상이다.

부부는 '따뜻한 무관심'을 갖고 서로가 한 울타리 안에서도 제 개성과 삶을 영위할 수 있도록 돕는 사이라고 이해하면 좋은 거다.

동반자적 관계를 유지해가는 성숙하고 푸근한 사랑.

엄마들은 흔히 자식들을 "목숨과도 바꿀 존재다"라고 말한다. "그렇게 모성이 만들어진 걸 어찌합니까?"라고 스스로들 말하면서 웃는다.

그러니 그것에 도전하면 상처받고 관계만 더욱 악화되기 마련이다.

불만을 토로하는 지금의 남편들도 예전에 어머니의 사랑을 독차지하지 않았던가? 자기의 아버지를 섭섭하게 하면서 말이다.

한 번 기억해보라. 지나간 세월의 아득한 얘기들을.

왜 아들만 챙기느냐고요?

남편은 상대적으로 강한 자이다. 여성들은 강한 자가 내뿜는 페로몬에 취하기도 하지만 반대로 약자에게 진한 애정을 느끼기도 한다. 그게 바로 연민이다. 자식은 더구나 그런 존재이기도 하다. 내가 보호해야만 하는 나약한 존재 말이다.

그리고 여자들은 남편보다 오래 사는 자신이 혼자되고 힘이 없을 때 보호받을 수 있는 대상이 자식이라 생각한다. 굳이 예전의 삼종지도(三從之道)를 언급하지 않더라도 자식은 여성에게 아버지-남편의 대를 이은 보호자임을 부정할 수 없게 만든다.

자연스럽게 예비 보호자인 아들에게 세월이 갈수록 더 신경을 쓰는 거다. 자식은 잘났건 못났건 노후, 혼자된 아내의 울타리인 거다.

흔히들 잘난 아들은 사돈의 아들이고 빚진 아들만 '내 차지'가 된다지만 여성들은 그걸 숙명처럼 받아들인다. 적금을 들 듯 제2의 보호막을 구축해야 한다는 마음도 왜 없겠는가. 인간인데. 오히려 남편은 아내의 미래를 위해 좋아해야 하는 거 아닌가.

그래도 불만이 많은 남편이라면 우선 자신을 되돌아볼 필요가 있다. 관계는 상대적이니까. 아내에게 뜨거운 사랑까지는 아니지만 평소 그의 노고를 이해하고 배려했는지, 그녀가 식탁에서 맛있는 것을 먹게 남겨두었는지, 비록 돈을 벌어다 주는 사람이지만 겸손하고 친절하게 아내를 대했는지, 혹은 월급을 받으면서 수모를 당하는 느낌을 받게 했는지 말이다.

모든 관계의 해법은 남의 입장을 헤아려보는 '역지사지'가 최고다. 게다가 갱년기 장애를 느끼는 '사추기(思秋期)'의 여성들은 남편의 이기적인 무관심에 더욱 예민해져 가족 몰래 정신과에서 항 우울증 약을 복용하는 사람도 적지 않다.

일생 생색 안 나는 일에 지친 아내의 외로움을 생각해본 적이 혹 있나 말해보라. 만약에 그런 배려를 해본 기억이 가물가물한 남편들은 이를 만회하기 위해 오랜 시간 노력해야 할 거다.

　남남이었던 부부간의 가족 같은 사랑과 신뢰는 하루 이틀에 쌓이는 것이 아닌 것이니 말이다.
　자식에 대한 사랑은 무조건적이지만 남편에 대한 사랑은 솔직히 아무래도 조건적인 경우가 많다.

　'그가 나한테 더 잘하면, 그가 더 강하면, 그가 더 존경할 만하면……'
　아무래도 사랑의 농도가 다르지 않을까 싶다. 인정하기 싫지만. 그리고 차별대우 받고 있다고 느끼는 남편들에게 이런 불만들을 속으로만 쌓아놓지 말고 한 번 아내들에게 토로해보라고 부탁하고 싶다. 왜냐하면 아내들도 가끔 자기가 한 행위를 의식하지 못한 채, 또는 설명을 하지 않아 남편에게 상처를 주는 적이 있으니까.

　언젠가 남편이 늦게 먹을 걸 달라고 했을 때 내가 '저 불뚝한 배 좀 봐, 영양 과잉이니 좀 덜 먹어도 돼'라는 생각에 그냥 못 들은 척한 적도 있으니까. 남편은 아마 무시당한 느낌에 밤잠을 설쳤는지도 모를 일이다.

　어쩌다 그런 상황이 되면 상대가 깜짝 놀라며 전혀 다른 생각을 하고 있었음을 알게 되는 경우도 많지 않은가? 역시 소통을 위해 대화는 필수다. 아내가 '괜찮겠지'하고 방심해 남편의 고민을 모르고 있을 수도 있으니까.

이유도 모르는데 상대가 퉁명스럽게 짜증을 낸다면 당연히 집안 분위기만 얼어붙고 악순환이 계속될 테니까. 단 별일 아닌 듯 웃으면서 속을 떠보라는 거다. 인상부터 쓰지 말고 불만을 토로할 땐 억지로라도 웃어야 한다. 내 뜻을 왜곡시키지 않으려면, 부부싸움을 막으려면 말이다.

또 상대를 주어로 쓰지 말고 나를 주어로 말하는 요령을 숙지해야 할 듯하다. 그래야 상대에 대한 섭섭한 감정을 억제할 수 있다는 거다. 예를 들어 "당신한테 섭섭하다"가 아니라 "나는 섭섭하게 느꼈다"라고 말을 하는 것이다. 상대가 말의 주어가 될 때 상대는 강하게 자신을 방어하는 말을 하게 된단다.

요즘 아내들은 "아들 같은 남편에게 지쳐있다"고 종종 하소연한다. 그래서 그런 남편을 조롱하는 유머에 고소하다는 듯 배를 잡고 웃곤 한다.

흔히 얘기하듯 집에서 한 끼도 안 먹는 '영식이'나 한 끼만 먹는 '일식이' 남자가 인기라는 둥, 요즘 가장 잘 나가는 남편은 "80이 넘은 나이에 돈 벌어오고 지방 출장으로 집에서 밥도 안 먹고 챙겨주지 않아도 되는 원로 방송인 송해"라는 우스갯소리 말이다.

그러나 분명한 건 여태 별일 없이 산 부부라면 그 남편이, 그 아내가 가장 편안하고 앞으로도 가장 많이 의지할 수 있는 상대라는 것을 잊지 말자. 자식 결혼시켜본 사람은 누구나 말한다.

"이러니저러니 해도 내 남편, 내 아내가 제일이다."

상대가 거기 있어줘서 감사한 줄 알고 열심히 섬기자고. 그게 자식을 위한 길이고 그게 자식에게 사랑받는 방법임을 알아야 한다고.

부모의 부부 관계는 자식에게 거울이 된다. 부부가 서로 위하고 잘 살아야 자식 내외도 같은 길을 갈 수 있음을 누누이 보아왔다. 그게 바로 윈-윈 하는 방법이니 잘해보자구요.
우리 서로 느낌 아니까!

뒤늦은 홀로서기

"종일 집에서 혼자 바둑을 두기에 뒷산에 가자고 했지. 근데 오고 가는 2시간 동안 혼자 앞서가며 '빨리 와, 어서 오라니까' 오로지 이 말만 7번을 하더라구."

은퇴한 남편이 답답해 보여 운동 삼아 함께 나갔다가 기분만 잔뜩 상했다는 여고 동창은 다시는 함께 가지 않겠노라 다짐한다.
이 소리를 듣자마자 친구들의 남편 성토가 줄을 잇는다.

손 하나 까딱 안 하고 종일 TV 리모컨만 끼고 산다든가, 그래서 한마디 하면 "내가 돈 버는 기계냐, 돈 안 벌어온다고 그새 대접이 달라졌다"며 샐쭉해진다는 거다. 직장을 그만둔 남편, 정치나 직장 얘기를 뺀 남편에게 얘깃거리는 별로 남아있지 않은 듯하다는 것.

또 먼저 식사하고 일찍 나간 아들의 밥상보다 반찬 수가 적을 경우 은근히 기분 나쁜 내색을 하기 때문에 얼른 먼저 밥상을 치운다고 해서 한바탕 웃게 된다.

직장을 은퇴한 남편이 그렇게 밴댕이 속인지 예전에 미처 몰랐다고 입을 모은다. 토라짐이 잦은 게 어린애나 여자 같다는 거다. 이런 자신들의 모습을 남자들은 과연 알기나 할까?

한마디로 집에 두면 근심 덩어리, 데리고 나가면 짐 덩어리, 마주 앉으면 웬수 덩어리, 혼자 내보내면 사고 덩어리, 며느리에게 맡기면 구박 덩어리라는 거다.

세상 물정 모르는 남편들을 조롱하는 여자들의 우스갯소리. 정말 촌철살인이다. 이보다 더 은퇴 후의 한국 남성들을 잘 표현한 말은 달리 없을 것이다.

둘러보면 왕년에 한 자리 그럴싸하게 한 사람일수록 더 들어맞는다. 집안일은 차치하고라도 비서, 운전사에게 모든 일을 맡겼던 고위층 출신들은 더더욱 쓸모가 없다. 컴퓨터를 손볼 줄 아나, 전구를 갈아 낄 줄을 아나……. 전화라도 해서 사람을 불러 해결하라 해도 전화번

호도 제대로 못 찾는다는 것.

어디 동행을 하더라도 몽땅 챙겨줘야 하고 오히려 집안일 다 마무리한 아내가 기다려야 할 판이니 울화통이 터진단다. 모처럼 여행을 가서도 대접만 받으려 해 아예 남편보다는 친구들끼리 가는 게 속이 편하다는 것이다.

동창들은 거기서 얘기의 새끼를 쳐 다음번 친구들끼리 함께 갈 여행지 물색에 나선다. 국내 여행지를 돌아 전 세계를 한 바퀴 수다로 돌고 나서 제자리로 돌아온다. 가사노동으로부터의 해방은 이렇게 시작된다.

게다가 높은 자리, 전문직 출신일수록 남의 눈치 안 보고 살아 부부 모임 등 인간관계에서도 적응이 힘들어 물가에 내보낸 애처럼 조마조마하단다. "당신은 명령조로 말하고 남을 무시하는 것이 문제다"라고 일러줘도 '소귀에 경 읽기'란다.

남편들이 나라 걱정을 도맡아 하듯 폼 잡고 하던 정치, 경제 이슈도 이젠 비현실적이고 공허해 보여 딴 얘기를 하라고 눈치를 주면 기껏해야 분위기 깨는 소리만 한다는 거다.

그러나 대다수 여성들이 걱정하는 것은 그들을 '못 부려 먹어서'도,

편잔을 주기 위해서도 아니다. 비록 남편 흉을 늘어놓지만 그건 다 '한 배를 탄 사람'에 대한 애정 어린 우려인 것이다.

아내 일을 거들게 하는 것은 남편 스스로의 노후 행복을 염려해서다. 아내가 아파 드러눕기라도 하면 그날부터 신세가 처량하게 되는 건 시간문제, 불을 보듯 뻔하다. 적당한 홀로서기가 그들 세상살이에 필요해 도와주는 거다.

때론 집안일을 시켜봤자 뒤처리가 더 많아져 아예 안 도와주는 게 돕는 거라는 걸 왜 모르리. 그래도 그들을 위해 눈 딱 감고 '시켜드리는' 거란 걸 안다면 그저 남성들은 감사해야 할 일이다.

여자도 아내가 필요해

"아 떠나고 싶다. 모든 게 다 싫다, 싫어!"

일상에 지친 중년 여성들이 흔히 혼자 쏟아내는 비명이다. 중년은 남녀 모두가 인생 최대의 도전에 직면하는 가장 힘든 시기.

중년을 휘청이게 하는 불안정한 직장과 경제력, 건강과 자신감이 무너지는 소리가 한꺼번에 몰아쳐 오는 때니까. 특히 직장을 인생의 전부로 여기는 남성들은 해고 몇 년 전부터 승진에서 누락될까, 좌천될까 노심초사하게 되고 불면증에 시달린다. 이를 바라보는 여자들도 더하면 더했지 예외가 아니다.

살림을 도맡은 여성들 역시 남편의 좌천이나 실업은 충격이다. 중년 세대에는 자녀들 교육이나 혼사 등에 가장 씀씀이가 커지고 자신들 노후 대책도 세워야 하니 위기감이 엄습하기 마련이다.

또 70~80대에 진입하는 부모님의 병수발에 지치기 시작하는 때다. 때마침 아내도 갱년기에 들어서면서 건강과 성생활에도 적신호가 켜지니 허무와 우울감에 빠져든다. 마치 함정에 빠져 허우적거리는 모습이다.

신경이 바스러질 듯 서로 예민해지고 작은 갈등을 놓고도 부부관계에 쩍쩍 균열이 생기니 중년의 위기라는 말이 달리 나온 게 아니다. 두루두루 상황이 안 좋으니 극도로 예민해져 상대를 원망하고 무시하는 말을 쏟아내니 상처받은 중년들이 사면초가의 어려움에 '울화병'을 호소하는 일이 다반사다.

화병은 일시적인 분노 표출이 아니라 근심과 걱정이 쌓여 마음에 병이 깊게 깃드는 것이란다. 건강이나 재물을 잃고 일생 믿었던 존재로부터 신뢰와 사랑을 잃어 다시 일어설 수 있다는 희망이 보이지 않을 때 매일 울분과 상실감에 사로잡힌다.

무기력감과 불면증, 우울증은 기본이고 호흡도 가빠지고 온몸 통증과 질병이 몰려온다. 억압된 마음의 병이 육체도 무너뜨리는 것은 시간 문제다.

연간 12만 명 이상이 화병으로 병원을 찾는다니 아마 저 혼자 끙끙 앓는 사람은 부지기수 것으로 보인다.

상태가 심각할 때 의사를 찾아가 약물치료와 정신치료를 병행해 효과를 본 지인들이 꽤 있다.

요즘 백화점 문화센터에서 주부고객 유치용으로 흔히 개최하는 '화병' 특강에서 한 정신과 의사는 "화병의 증세인 불면증, 조울증, 강박장애 등은 약물치료 시 보름 후 차도가 있고 두 달 후면 증세가 거의 사라지니 안심하고 약을 먹으라"고 적극 권한다.

'자아의 스위치를 끄는' 잠을 충분히 자면 고민에서 일정 시간 벗어나 자신을 다른 정신 모드로 이동시키는 효과가 있을 것 같다. 정신치료는 시간과 인내가 필요한데 의사들은 "화병에서 벗어나려는 본인의 의지가 무엇보다 중요하다"고 말한다.

환자 본인이 뜻이 없는데 누가 그 마음을 쥐락펴락할 수 있느냐는 거다. 결국 의사도 환자 자신이 발상의 전환을 하도록 돕는 역할을 하는 거니까.

나는 분노와 좌절, 기쁨과 환희, 이 모든 것이 마음이 빚어낸 허상이라는 불가(佛家)의 일체유심조(一切唯心造)라는 말에 크게 동감하고 있다. 나를 뒤흔드는 이 울화의 쓴 뿌리가 과연 무엇인지 냉정하게 돌아볼 필요가 있다.

어떤 경우는 내 울화가 사실은 별것 아닌 것에서 기인해 악순환의 사이클을 타고 있다는 각성에 다다를 때도 있으니까. 그리고 지나치게 타인을 의식해 괴로운 건지도 따져볼 필요가 있다. 사람들은 늘 남과 비교해 자신의 불행을 키운다. 그게 소위 상대적 박탈감이란 거다.

'다른 부부들은 행복한데 나는 왜?'하며 억울해하는 거 말이다. 아마 주변에 우리를 거울처럼 비춰주는 타인이 없다면 현재 하고 있는 고민의 절대량이 사라져버리는 게 아닐까? 내가 무인도에 혼자 있을 때도 이 고민이 지속될 것인지 자문해보면 쉽게 답이 나오리라.

혹시 '고민 총량 불변의 법칙'이란 말을 들어본 적이 있는가? '다들 좋은데 나만 왜 이래?'라며 절망하지만 겉으론 멀쩡한 그들도 사실 들여다보면 모두 고민들을 갖고 있다는 얘기다. 중년 여성들의 거침없는 수다를 들으면 저마다 드라마 같은 기막힌 사연을 갖고 사니 맞는 얘기일 거다.

조물주가 죄 많은 인간을 연단하기 위해 고민 하나씩을 일부러 심어준 것처럼 느껴질 정도니까. 혹시 돈만 많으면 '만사 오케이'라고 생각하는가? 그럼 매스컴이 쏟아내 밝혀진 세상이 다 아는 재벌 몇 사람들의 고민이 무엇인지 한 번 떠올려보자.

혹 남편이 또는 아내가 일생 부려 먹고도 내 공을 몰라 진저리가 난다고? 아예 헤어질 게 아니라면 상대 덕 보는 것보다 내 덕 보게 하는 게 얼마나 근사한 일인지 생각해볼 필요가 있다. 게다가 상대는 하늘이 점지해 숙명적 결합을 한 내 사람 아닌가 말이다.

서둘러 계산기를 두드리지 말자. 아직 게임 끝나지 않았으니까. 혹시 당신이 인생 후반전에 오랫동안 드러누워 상대 덕을 넘치게 볼지 누가 아는가? 살아보니 인생사에 공짜가 없는 법이더라. 내 덕 보게 하는 것이 곧 행복의 지름길이다.

잘 나가는 배우자, 신경 많이 쓰이는 거 모르는가. 이 사람들 통제도 안 되고 외도다 뭐다 해 속도 많이 썩인다. 이 경우 돈이 웬수인 경우가 허다하다. 그놈의 돈이 외도의 상대를 끌어들인다.

감정 관리가 그래도 잘 안되면 '위기관리 십계명'이라도 집안 곳곳에 써 붙이고 자기 최면을 걸어보라. 감정 관리는 최초의 단계에서 성패가 좌우되니 화가 끓어오를 때 "참자, 참자"하고 크게 외치자는 얘기다.

울분이 금방 낮은 단계로 넘어간다. 그리고 연이어 "까짓거 괜찮아" 하고 소리치자. 안달과 조바심이 누그러진다. 상대가 야속하고 미울 때 '인간이란 다 그런 거야' 하고 생각하자. 기대가 줄면 상처도 줄어든다.

사실 인간이 얼마나 허약하고 불완전한 존재인가 말이다. 혹은 상처를 주고도 모르는 그 인간 때문에 내 온 인생을 쓰레기통에 처박는 게 억울하지 않은가 곰곰 생각해보라.

이왕 벌어진 일, 여생을 불행 속에 허덕이며 보낼 생각은 아닐 거다. 그렇다면, 그럼에도, 그러니까, 그럴지라도, 그래도, 무조건 감사하며 웃고 지내자. 행복은 분명 선택이고 연습임을 알고 있지 않은가.

그리고 낙담한 배우자에게 '만병통치약'인 측은지심의 사랑을 쏟아부어라. 사랑은 희망을 심어주고 자존감을 불러일으켜 상대가 사기충천, 심기일전해 일어서게 하는 묘약임을 명심하자. 조물주가 인간에게 사랑 하나만으로도 얼마든지 일어서는 오뚝이 유전자를 집어넣었다고 한다.

그리고 기억하길 바란다. 남편은 아내의 인정과 존경을, 아내는 남편의 정감 어린 공감과 표현을 먹어야 살 수 있는 존재다. 가만 생각하면 상대 화병의 절반은 내게서 비롯된 것이다. 부부가 서로의 약점을 공격하면 과연 어디 가서 위안을 받고 살아갈 수 있을까?

지친 얼굴로 우울감에 빠져 있지 말고 어서 자연 속을 걷거나 뛰어보자. 자연은 말없이 깨달음을 전하는 위대한 스승이다. 뛰는 다리는 내 몸과 정신에 활기찬 파장을 몰고 온다.

빠르게 순간순간 나를 바꿔놓는 강력한 각성제인 셈. 그렇게 매일매일 다른 리듬을 만들어 거기 올라타자. 그래서 울화병이 가져오는 악순환을 깨버리자.

부디 명심하자. 세상은 바라보는 대로, 느끼는 대로 변한다는 것, 고통 없이는 얻는 것도 없다는 것, 그리고 패자는 모든 기회에서 어려움을, 승자는 모든 어려움에서 기회를 찾아낸다는 말을. 오늘의 나는 어제의 습관이 만들었고 10년 후 나는 오늘의 습관이 만든다는 것을.

여자들도 남자들처럼 '아내가 있다면' 아마 지금보다 훨씬 쿨할 수 있을 것이다. 남성들이 만든 우스갯소리에 여자들이 더 오래 사는 이유로 '아내가 없기 때문'이라는 게 있어 쓴웃음을 짓게 한다.
결혼 고수인 여자들은 말한다.

"덜 살아도 좋으니 제발 우리도 아내가 있었으면 좋겠다."

이왕 한 결혼, 행복해서 웃는 게 아니라 웃어서 행복해진다는 말을 믿고 이제 그저 "김치! 치즈! 환희! 사랑해!"를 연발할밖에…….

닭살 부부가 부럽다고?
– 우리 부부는 남매지간

#1.
"선배, 요즘 부부 관계하세요?"

한 저녁 모임을 끝낸 후 음식점 화장실 세면대 앞에서 부닥친 여자 후배가 느닷없이 물었다. 좀 무례하다 싶어 내심 불쾌했지만 상대 직업이 의사인지라 그냥 지나칠 수가 없어 묻는다.

"그건 왜?"
"아, 얼굴 보면 대충 보여요. 제가 강남에 치료 잘하는 전문의 소개해 드려요?"
"아니 그걸 치료한다고? 어떻게?"

"네, 숨겨진 성감대를 찾아주는 거에요. 여기저기 자극해보면서."
"세상에, 누가 누굴 주무른다고?"

의사인 그 후배야 서슴없이 한 말이지만 듣기도 거북하고 장소도 장소인지라 대충 하고 자리를 떴다. 집으로 돌아와 거울에 얼굴을 비춰보면서 영 찜찜한 기분을 쉽게 떨칠 수가 없었다.

'후배가 내 원만한 부부생활을 위해 한 애정 어린 조언인데 내가 자격지심에 기분이 이리 꿀꿀한 거야.'

그렇게 나 자신을 다독여야 했다. 그 후 친구모임에서 재미 반, 하소연 반 삼아 이 얘기를 털어놓았다. 민망하기도 할 법한데 친구들이 제 얘기인 듯 바짝 관심을 보인다.

"얘, 말도 마라, 언제인지 잊어버렸다."
"우린 손만 잡고 살아."
"우린 부부가 아니고 남매지간이라니까. 하긴 가까이 와도 겁나지만."
"남매는 그래도 좋게. 우린 하숙집 아저씨와 다를 바 없지. 밥 먹을 때 빼고는 보기도 힘들단다."
"안 하니 좋지 않니? 얼마나 편해."

"뭐 정상 아닌가. 이혼 안 하고 사는 게 기특하지. 30대는 포개져서, 40대는 손잡고 자고, 50대는 침대 위아래서, 60대는 각자 다른 방에서, 70대는 상대가 어디서 자는지도 모른다며. 80대는 한 사람은 북망산에서 한 사람은 집에서 혼자 잔다더구먼."

그러고 서로를 둘러본다. 10여 명이 앉은 자리에 눈만 말뚱거리는 2~3명에게 화살이 꽂힌다.

"너희는 어떤데?"

친구들의 닦달에 얼굴이 붉어진 한 친구.

"그럼 뭐하니, 뭐 약주를 걸쳤거나 자신이 뭘 잘못하곤 아양 떠느라 위로차 그러는데. 아주 제멋대로야!"
"그러게. 마치 모든 문제를 해결하는 만능열쇠로 생각하나 봐. 어떤 땐 불쾌하기 그지없다니까. 당한 것 같다는 기분도 들지. 난 절대로 '아니올시다'인데 몰라도 너무 몰라요. 불쌍해서 봐주는 셈 치는 거지."

또 한 친구가 거든다.

"말도 마라. 저번 인사동에 갔다가 약속 시간이 일러 탑골공원에 잠시 들러보니 말끔하게 정돈됐더라. 노인들도 별로 없어 벤치에 혼자 앉아있는데 멀쩡하게 생긴 한 60대 초반 남자가 다가와 대뜸 '어떠냐'고 하더라고. '뭘 말씀이에요?'라고 하니까 '저기… 그 박카스 아줌마……?' 말을 더듬으며 그러더라구. 나 원 참, 내가 그렇게 보이냐구?"

다들 뒤집어져 한참을 웃었다. 하지만 내심 오랫동안 '굶은' 내 남편이 저러고 다니면 어쩌나 그 생각이 들어 집에 들어와 남편 얼굴을 훔쳐보게 되더란다. 그렇다고 그 허기를 어찌 달래느냐고 물어볼 수도 없고.

그러면서 성생활에 있어서는 '화성에서 온 남자'라는 족속들이 절대 '금성에서 온 여자' 같지는 않을 거라면서 우리들의 남편도 언제 성폭행범이 될지 모른다고 혀를 찬다.

남편이 개인병원을 하는 친구가 끼어든다.
"어느 날부터인가 한 간호사가 고개를 바짝 들고 사모님인 날 대하는 태도가 아주 오만불손해졌더라고. 내가 안 보일 땐 아주 병원 주인 아줌마 역할을 한다는 거야. 감이 잡히는 게 있어서 내보내고 내가 대신 출근하고 있다니까. 너희도 조심해."
"맞아, 맞아."

또 다른 친구, 남편의 회사 개인비서에게서 비슷한 감을 잡았다며 난감한 표정을 짓는다.

"회사에서 지정한 비서니 내가 내보낼 수도 없고……."

2.
요새 성폭행이니 별의별 얘기로 시끄러운데 그거 남의 얘기가 아니라며 흥분을 감추지 못한다. 특별한 정신병자는 차치하더라도 성 문제에 있어서는 남자들은 다 거기서 거기라는데 의견의 일치를 본다.

결론은 성생활에 있어서는 '화성 남자'와 '금성 여자'들 사이에 거대한 벽이 놓여있다는 것, 한마디로 상호 완전 이해가 불가능한 전혀 다른 종족이라는 것이다.

《제2의 성》을 쓴 시몬느 드 보봐르의 얘기도 넘나든다. "사랑이라는 말은 남자와 여자에게는 전혀 다른 뜻을 가지고 있다. 이것이 남녀의 사이를 갈라놓는 중대한 오해의 원천이 되어왔다"는 말이 실감 난다면서.

남자들이 사랑과 무관하게 얼마든지 성행위를 추구할 수 있다는 것은 여성들과 180도 다른 면이라는 것에 합의를 본다. 여자들은 좋아하지 않는 남자와 성행위는커녕 때론 손끝만 맞닿아도 불결한 느낌이 든다고 이구동성으로 말한다.

그러고 보니 회사 다닐 때 일들이 주마등처럼 스쳐갔다. 평소 멀쩡한 남성들로 보이지만 그들 안에 감춰진 또 다른 얼굴들이.
80~90년대에는 해외 출장을 다녀와선 동료들 선물로 야한 성행위 사진이 만화경처럼 들어있는 볼펜이나 음란서적을 돌리고는 종일 좋아들 하지 않던가. 다른 부서로 배치된 남자 후배가 남기고 간 책상 서랍에서 콘돔 뭉치를 발견해 돌려주지도 못하고 버린 일도 있다.

회식자리에선 술에 취한 척하며 제 직장 동료도 '속풀이' 대상으로 삼아보려 안간힘을 쓰는 병적인 친구들도 있다.
주기적으로 각 직장들을 돌아다니는 보험아줌마가 내가 보험을 들어준 후 재미 반, 하소연 반 삼아 들려준 얘기도 떠오른다. 보험을 들어준다며 유혹의 손길을 뻗친다는 회사 남자 선후배들의 명단을 전해 듣고 '세상에, 그 점잖은 친구까지도……'하며 입을 못 다문 적도 있다.

오죽하면 세상이 다 아는 고위층 인사들도 제 목 달아나는지도 모르고 갖은 추태를 부려 한 여성 큐레이터 자서전을 통해 세상에 떠들썩하게 회자되지 않았던가.

이 나이쯤 되니 "그러니 이걸 어쩌냐"로 시작해 "남자들이란 다 거기서 거기라니까" "대놓고 나쁜 짓을 하지 않으면 가정의 평화와 안녕을 위해 눈감아줘야지 뭐!"라고 하면서 다들 남의 얘기 같지 않다고 분개하며 씁쓸해한다.

그날 우리들이 분기탱천해 내린 결론은 여성들 대부분은 갱년기 훨씬 전부터 성생활이 고역인 경우가 대부분이지만 남자들은 지푸라기들 힘이라도 있으면 끊임없이 성행위를 모색한다는 것이다.

아내들은 남편들이 배설하듯 하는 성급한 성행위에서 애정을 느끼기보다는 모욕감을 느낀다는 것. 그래서 진정 어린 마음으로 어깨를 두드려주고 가벼운 입맞춤이나 꽃 한 송이 건네는 것이 훨씬 더 자신이 존중과 사랑받고 있다는 느낌을 받는다고 입을 모은다.

"그렇게 다른데 이를 어쩌냐, 이 나이에."
"남녀가 태생이 다른데 그렇다 치고 넘기면서 살아야지 어쩌긴 뭘 어째."
"근데 말이다. 문제는 그렇다 치고 그냥 넘기면 건강하게 오래 못산다네."

한 친구, 수첩에서 신문기사 오려낸 쪽지를 꺼내 읽어준다. 성생활과 건강의 상관관계를 '바늘과 실'로 묘사한 이 기사에 따르면 성생활은 아드레날린 호르몬 분비를 증가시켜 심폐 기능이 좋아지는 운동 효과가 있고 부부생활이 활발할 경우 콜레스테롤 수치를 낮춰 심장질환도 예방한단다.

또 전립선을 보호하면서 스트레스를 해소시켜 오래 살려면 부부생활을 즐기라고 강권하는 기사였다. 덧붙여 적당한 운동과 식습관으로 발기력을 유지하고 장애가 의심되면 속히 전문의의 도움을 받아 개선하라고 부추긴다.

조선 시대 영조 임금은 60대 중반에 10대인 정순왕후를 맞아 몇백 년 전인데도 83세까지 산 최장수 임금으로 기록됐다는 예까지 들어있다. 친구들은 '건강과 장수에 직결된다니…… 어쩜 좋아, 할 말이 없어지네'하는 듯 난감한 표정이다.
이 침묵을 못 견디겠다는 듯 누군가 한마디 던진다.

"거 무슨 기사가 그러냐. 오로지 남자 입장만 쓰여있네. 아내들은 항상 대기 완료 상태여야 하고 전혀 문제가 없다는 거야 뭐야. 여자들을 위한 배려나 대안은 왜 제시하지 않는 거니."
"그런 기사는 맨날 남자들이 써서 문제야. 우리 같은 중년 여기자가 써야 뭘 알고 제대로 쓰지."
"성행위와 건강의 상관관계 제대로 조사나 해보고 하는 소리야? 영조가 그래서 오래 살았는지 어떻게 아냐고. 순 추측성 기사 아냐?"

"맞다, 맞아. 여자들은 남성들을 위한 한낱 배설장치에 불과한가 말이다. 한국의 남녀 성(性) 평등은 세계 108위라던데 부부생활에 관한 한 아마 세계 꼴찌일 걸."

성생활, 알면서 모르는 척,
아니까 더 좋은 척

"건강한 남자의 성적 욕망은 자연스러운 거다. 아내로부터 이런 욕망을 채우지 못하는 남편이 있다면 아내는 그의 고뇌를 정상적인 것으로 받아들여야 하며 그를 고통스럽게 한 것에 대해 책임을 느껴야 한다. 일단은 사과하고 미안해하며 장기간 그 의무에 부응하지 못할 경우 '같이 살 수 있겠느냐'고 남편의 의사를 정중하게 타진하는 게 도리다. 만약 힘들다고 한다면 이혼해주는 게 맞다."

말씀 좋기로 이름난 한 스님의 강연을 들으면서 놀랐다. 성적인 욕구를 스스로 자제하며 수도하는 사람도 이런 생각을 하는데 보통 남성들은 어떨까 해서다. 남편과의 성생활에 너무 안이했다는 반성도 하게 됐다. 난 오랫동안 그 의무를 다하지 못하면서 이혼은커녕 사과

할 생각도 전혀 없었으니 말이다.

세월이 흘러 남녀가 이제 가족이 되었고 가족은 공동의 목표를 추구하며 하루하루 편하게 서로 의지하며 살면 됐지 하고 생각했던 거다.

"이제 남녀가 아니고 가족인데, 가족끼리 무슨 성생활?"하는 우스갯소리도 있지 않은가 말이다. 그리고는 전혀 다른 문화에서 자란 두 사람이 오래 충돌하지 않고 편히 살면 결혼생활 성공한 거라고 굳게 믿었다. 그런데 스님의 말을 듣고 보니 '상대는 전전긍긍인데 나만 편했나?'하는 의구심이 들더라.

그 TV 강연을 무심한 듯 들여다보는 남편을 슬쩍 쳐다보게 되더라. 그는 아무 얘기가 없다. TV를 시청하며 사안마다 온갖 코멘트를 날리는 그가 이번에는 묵묵부답이다. 그런 얘기는 금기어처럼 오랫동안 누구도 거론하지 않는 게 묵약처럼 되어있는 거다.

문제 삼아봤자 뾰족한 해결책이 없으니 편한 대로 생각하는 거다. 남편 역시 별생각이 없어 안 하다 보니 자연스럽게 기능이 퇴화되어 이제 아무 문제가 없는 것이라고 나름 변명하면서.

소싯적에 배운 '용불용설' 이론을 철석같이 믿으면서 말이다. 주위 사람들이 우리 부부가 친구처럼, 오누이처럼 사는 모습이 자유스러워

보인다는 얘기도 듣기 괜찮았고 그런 생활을 견지하는데 한몫했을 터다. 스님 얘기를 들으니 이제 한 번쯤 먼저 얘기해 의사 표시를 해야겠다는 생각이 든다.

사실 '남자들은 지푸라기 들 힘만 있으면……'하는 속설도 있을 정도인데 혹 그 욕구를 무지무지하게 인내하며 버티고 있다면 얼마나 가여운 일이냐 말이다. 직장이나 주변에서 수시로 외도를 꿈꾸고 때론 성공담을 자랑하는 남자 선후배들의 행동을 보면서 '수컷들이란 그저……'하면서도 내 남편만은 그러지 않으리라는 믿음이 있었던 거다. 그렇다고 믿지 않으면 별수 없고. 그러니 내 편한 대로 가는 거다.

성생활과 부부 건강 및 수명의 상관관계에 대한 언론의 잦은 보도 이후 친구들은 자기 부부들의 성생활 문제가 남자는 심리적인 것에서, 여성은 육체적인 것에서 많은 영향을 받는다고 나름대로 정리한다.

즉, 남자들은 육체적 원인보다는 각종 스트레스나 잔소리, 욕구를 저해하는 분위기나 형편 등에 의해 성적 기능이 위축된다는 생각이 든다는 것.
그래서 그런 심리적인 것이 나아지면 언제 그랬냐는 듯 제 역할을 한다는 거다. 그러니 아내와는 '불능' 수준이면서 나가서는 얼마든지 실력 발휘할 기회를 찾아다니면서 실제로 성공했다고 자랑하는 거 아닌지 모르겠다.

또 직장 남성이 많이 들리는 여의도역 근처에서 수십 년간 약국을 하는 한 약사는 "요즘 스트레스로 기능 불능을 호소하며 비아그라를 찾는 남성의 연령층이 갈수록 낮아지고 있다"고 하더라. 그러니 확실히 심적 요인이 크게 작용하는 건 맞나 보다. 성기능장애 호소자의 25%가 조금만 아파도 이 약 저 약 먹는 약물남용 때문이라는 보고도 있다.

혹 감기약, 소염진통제, 신경안정제, 고혈압치료제 등 많은 약을 한줌씩 먹고 있나 한 번 살펴볼 필요도 있겠다.

친구들의 얘기를 종합하면 정상적인 중년 남성들은 최소한 한 달에 한두 번 정도(과연 그럴까?)는 욕구를 해소해야 아내에게 짜증을 안내고 위축되지 않나 보다. 물론 이건 어디까지나 아내들이 저 편한 대로 추측하는 정도일 게다. 한 친구는 남편이 노력해도 실패할 경우 "이 정도는 별거 아니고 충분히 잘했다. 다음번엔 더 잘할 수 있다"고 응원한다니 가상하다.

그리고 "당신은 원래 멋지게 잘하는데 가족을 위해 너무 애쓰다 보니 지치고 힘들었나 보다. 그저 고맙고 미안하다"며 자존심을 팍팍 세워준다니 그 친구 박수받아 마땅하다.

  그럼 다시 도전할 때도 초조해하지 않고 의연하게 성공을 향해 돌진한다는 거다.

어느 비루한 남자들의 사랑법

'세상에, 뭐 저런 인간이 다 있나?'

살집도 두둑하고 입도 무거워 보여 평소 막연히 진중하다는 느낌이 들었던 그가 어느 날 한 조간신문에 보낸 편지는 이른 새벽 대한민국의 아내들을 아연실색하게 만들었다.

20년 넘게 살아온 아내에 대한 이별 통고요, 그동안 은밀하게 사랑을 나누다 둘 사이에 애까지 낳아 전 남편과 이혼까지 시킨 유부녀에 대한 사랑을 고백한 편지 말이다.

'저런 머저리를 남편과 아빠라고 믿고 20년 이상을 믿고 살아온 가족이 불쌍하다 불쌍해'라고 생각할 정도로 공분을 사게 한 그는 평범한 가장도 아니고 이 땅의 내로라하는 재벌 그룹 회장 C씨다.

자신의 결혼이 의미가 없어 집을 나간 후 외도를 거듭해 '마음에 위로가 되는 그녀' '내 아이의 엄마'가 된 그 내연녀에게 아예 가버리겠다는 최후통첩의 비장한 편지였다.

"저의 보살핌을 받아야 할 어린아이와 그녀를 책임지려 한다"는 그의 발언은 책임이 무엇인지도 모르는 무책임의 극치를 보여준 저급한 코미디 수준일 뿐이다.

몰염치와 저급함으로 많은 이들을 실망시킨 '왕년의 스타' S씨도 이에 못지않다. 한때 그를 최고의 스타로 여겼던 것이 부끄럽고 부끄럽다는 소회가 줄을 이었다. 이제 백발의 노인이 된 그는 자신의 지나간 삶을 정리한 책의 출판기념회를 가지면서 사랑에 대해 일갈했다.

그는 수십 년 전의 불륜을 자랑인 양 거론하면서 "나는 마누라도 사랑했고 '그녀'도 사랑했다. 사랑에는 여러 형태가 있다. 지금도 애인이 있다"고 외친다. 역시 최고의 전성기를 누렸던 스타 출신 아내와의 관계에 대해선 "마누라에 대한 사랑은 또 다른 이야기다"라며 마치 사랑에 도가 튼 듯 얘기하고 있다.

불륜 상대 여인의 낙태에 대한 죄책감을 나타내면서 덧붙인 얘기다. 또한 오래전 작고한 애인 이야기이니 "남자로서 비겁하지 않다"는 말로 자신의 행위를 정당화하고 있다.

최근 얘깃거리가 되고 있는 모 감독과 여배우의 불륜 행각을 보면 한숨이 절로 나온다. 사랑에 눈이 멀어 불륜에 빠질 수 있다고 치자. 문제는 그 뻔뻔함이 돋보여서다. 그리고 그들의 자전적 얘기를 영화화한 것이 무슨 영화제에서 수상했다는 걸 들으면 아예 치욕적이다. 그 저급한 영화가 영화관에 버젓이 걸린 것도 말이다.

유명 인사들의 몰염치 행각은 수도 없이 많다. 다 열거하기 고역일 정도다. 젊은 층에서부터 황혼의 나이에 접어든 고령의 노년층까지.
우선 이들을 심히 안타깝게 여기면서 느낀 점은 참으로 수치심을 모르는 인간들이라는 것이다.

또 과연 그들이 사랑과 책임에 대해 말할 자격이 있는 사람인가 하는 의구심이 든다. 존중받아야 할 사랑이란 단어가 그로부터 유린당한 것 같아 불쾌함 역시 떨칠 수 없다.

한 가정의 남편이요, 아버지였던 그들의 행위는 도덕심의 실종과 분별력 결여로 저지른 불륜일 뿐이다. 그들이 아내와 또 다른 여인을 진정으로 사랑했다면 각자 온전하게 제자리에서 아름다운 모습으로 살아갈 수 있도록 배려하는 것이다.

진정으로 사랑한다면 상대를 차마 그렇게 망가뜨릴 수 없는 것이리라. 내연녀들에 대한 저주성 발언과 신상털기가 곳곳에 도배질 되어 있는데 과연 그게 상대를 온전하게 사랑하는 일이란 말인가.

자신을 던져 상대를 감싸는 희생을 하면서도 그 대가를 바라지 않는 것이 사랑이다. 사랑은 온갖 고난 속에서도 삶이 여전히 살 만한 것이라 말하게 한다.

그들은 사랑이란 단어를 짓밟으면서 "솔직하고 싶었다"고 항변한다. 그들은 사리분별도 하지 못하는 치기로 '솔직'을 말하고 있다. 자신의 유익을 위해서라면 세상을 떠들썩하게 사랑해 결혼한 자신의 아내들과 자식은 어떤 수모를 당해도 상관없는 것으로 '솔직'을 이해하고 있다.

그들이 진정으로 사랑했다면 그 한때의 지고한 진정성이 훼손될까 마음 저려 함부로 그 사랑을 욕되게 할 수 없는 것이다. 사랑이란 이름으로 불륜을 분칠하고 있다.

그들은 그런 무책임한 '솔직'에 앞서 인생을 바르게 사는 정직함과 책임감, 제대로 사랑하는 법을 우선 배워야 할 것 같다. 공인인 그들은 오랜 세월을 동고동락해온 자신의 아내와 자식들에게 평생을 참회하라.

그리고 수십 년 함께 살아온 남편을 괜스레 의심의 얼굴로 흘깃거리게 된 이 땅의 아내들에게, 또 정직하게 살아온 그들의 남편들에게 용서를 구하라. 또한 '사랑'과 '신뢰'를 모독하고 짓밟았음을 사과하라.

그들이 이 사회의 앞자리에 서 있는 것이 그 사회의 구성원인 입장에서 고역이고 한없이 실망스럽다. 한때 누구보다 빛났던 그들은 이제 비루한 육신의 옷을 입고 부끄러운 여생을 살고 있다.

남자들은 다 그래
- 착각하지 마라

세상을 떠들썩하게 했던 고위층 인사들의 불륜 행각들이 신문지면을 도배질할 때도 세상의 아내들은 마치 제일인 양 그들 아내와 가족들을 안타까워하며 울분을 토했다.

그런데 문제는 그런 일들이 주변에서 밥 먹듯이 벌어진다는 것이다. 위의 사건들은 어쩌다 수면 위로 불거진 빙산의 일각에 불과할 뿐 특히 직장 여성들은 멀쩡해 보이는 남자들이 기회만 있으면 야수로 돌변하는 사례를 수없이 접하고 있다고 항변한다.

지방에서 올라와 자취하던 한 여성은 직장 초년병 시절, 유부남인 직장 상사가 출퇴근 시 자신의 집 앞에서 매일 기다리고 있어 한동안 친구 집에서 숙식을 했다고 털어놓았다.

결국 참다못해 회사 내에서 "제발 우리 집 앞에 서 있지 좀 마세요" 하고 공개적으로 소리를 질러 망신을 주려 했는데 여성 동료들마저 "네가 먼저 꼬리를 친 게 아니냐"며 수군거려 결국 직장을 옮길 수밖에 없었단다.

나중에 남자친구까지 동원해 혼을 내주겠다고 으름장을 놔 마무리를 할 수 있었다고. 이 부장급 상사는 여성들이 입사만 하면 이런 짓을 상습적으로 되풀이해왔음을 뒤늦게 알게 됐다고 했다.

기업을 상대로 보험 설명회를 갖고 가입자를 유치해온 한 보험설계사 여성. 설명회를 갖기 위해 해당 실무자에게 도움을 청하거나 보험 가입을 권유할 경우 많은 남성들이 이를 빌미로 성관계를 요구한다는 것.

이를 뿌리치면 오히려 다 알고 있는데 새삼 무슨 내숭이냐는 식으로 반격해와 억울함과 서러움에 눈물을 쏟은 적이 한두 번이 아니라고 전한다. "평소 보기에도 점잖아 보여 '설마?' 했는데 '역시나!'였다"며 "다들 내 남편은 예외일 것이라며 방심하지 말라"고 해 모두 쓴웃음을 지어야 했다.

최근 언론에 소개된 모 가스검침원은 "검침하러 들어간 집에서 여자나 아이 목소리가 들리지 않으면 검침 5분이 그렇게 무서울 수가 없다"면서 "팬티만 입고 문을 열어주거나 야한 농담에 바짝 다가와 몸의 냄새를 맡는 남자들도 있다"고 토로했다. 이런 사례는 수도검침원, 정수기 렌탈업체 직원 등 여성 '방문근로자'들이 다반사로 겪는 일들이라는 것.

늘상 공무원을 상대해야 하는 한 여성 기업인 역시 저녁 식사 자리에서 성희롱을 당해 문을 박차고 나오자 "저렇게 깐깐한 여자가 무슨 사업을 하겠다고 나선 거냐"는 비아냥을 감수해야 했다고 전한다.

이름조차 거론하기 역겨운 그 사건들 덕분에 이런저런 경험담들을 쏟아놓으면서 평소에는 기피하는 주제를 놓고 모처럼 한바탕 설전을 벌이게 됐다. 젊은 여성들은 즉각 "그 꼴을 어떻게 보고 살아요? 당장 이혼해야지"라며 핏대를 올린다.

중년 여성들은 "그게 말처럼 쉬운지 한 번 해봐"라며 우선 고려할 게 한둘이 아니기 때문에 섣불리 행동하기 어렵다고 신중론을 편다. 이들 중년 여성들은 자녀 혼사 시에 부모의 이혼 경력이 결격 사유로 작용한다는 것, 또 혼자 살아갈 경우 예전에 훨씬 못 미치게 될 경제 상황, '이혼녀'라는 꼬리표가 붙게 되는 것에 대한 두려움 등을 떠올리며 "누군 바보라 극심한 고통을 겪으며 피 말리는 부부생활, 무늬만 부부인 관계를 유지해가겠느냐"며 한숨을 쉰다.

이들은 그나마의 대안으로 "남편이 어느 여성과 진정으로 사랑해 바람을 피울 경우, 서류상 이혼은 유보하되 우선 별거에 들어갈 것"이라고 입을 모은다. 한두 번의 실수는 할 수 없이 눈감자는 의도가 깔려 있다.

그러자 한 친구는 "정식 이혼을 하지 않을 경우 재산 분할 청구도 용이하지 않고 그 사이 남편이 소유 재산을 빈 껍데기로 만들 위험이 있다"고 맞받는다.

그러니 평소 재산을 부부 이름으로 등기하고 이제라도 아내 상속분의 면세 혜택이 주어지는 매 10년마다 재산을 분할 등기하자며 부추긴다. 또 평소 자기 몫으로 열심히 저축도 해놓아 유사시를 대비해야 한다고 말해 쓴웃음을 짓게 했다.

한참을 설왕설래하다가 "남자들이란 그저 타고나길 그러니 어쩔 수 없지. 결국 재수 없으면 당하는 거지 뭐"라는 말로 대충 넘기며 자리를 뜨려는데 못 참겠다는 듯 여성학을 전공한 한 친구가 "그건 아니지. 성적인 본능에 우선하는 게 식욕인데 그렇다고 남정네들이 그걸 주체못해 식당으로 뛰어들어가 남의 테이블에 있는 다른 손님의 밥까지 막 퍼먹는 것은 아니잖아. 성욕 역시 의지와 올바른 생각만 있다면 얼마든지 자제할 수 있다"고 주장해 일행을 머쓱하게 했다.

그는 "우리나라 사람들, '남자들은 다 그러니 어쩔 수 없다' '남자의 아랫도리 얘기는 문제 삼지 말아야 한다'는 등의 얘기를 당연시 받아들이는 것이 문제다"라고 흥분한다.

직장에서도 그런 발상 탓에 성희롱 피해자가 오히려 코너에 몰려 직장을 잃게 되는 경우가 다반사라고. 게다가 이런 소문이 동종업계에 퍼지면 재취업이 곤란해 정신병을 호소하는 경우도 비일비재하다고 언성을 높인다.

여성 직장인의 인권을 연구 중인 그에 따르면, 외국의 경우 가해자 처벌은 물론 그런 성추행범이 소속되어있는 기업에는 관리 감독 소홀의 책임을 물어 징벌적 손해 배상으로 엄청난 금액의 벌금을 물리게 되어있다는 것이다.

그의 일장 연설에 고개를 끄덕이던 모임 참석자들은 "그 재벌과 영화배우가 저지른 파렴치한 행각들을 반면교사로 삼아야 한다"고 입을 모은다. 즉, "남자들의 성충동은 자제할 수 있는 것이며 파렴치한 성관련 행위는 절대 용서받지 못한다"는 교육이 초등학교 교실에서부터 실시되어야 한다는 것, 그리고 그동안 성추행이나 폭행, 유사 발언을 하고도 활동에 지장을 받지 않고 있는 사회 지도층급 인사들을 더 엄히 다스려 전 국민에게 경각심을 줄 수 있어야 한다고 열을 올린다.

"뻔뻔한 그 친구들, 대국민 공개 사과해야 해. 이 땅의 모든 아내들, 그리고 평생을 헌신하며 정직하게 살아왔으면서도 그 인간들 탓에 아내들의 의심 어린 눈총을 받아야 하는 남편들에게."

정작 이런 수모와 배신을 당했을 때 과연 "심한 고통과 분노의 시간이 있었지만, 그는 좋은 사람이고 어떤 일이 있어도 이어질 깊은 끈이 우리 사이에 존재한다"던 힐러리 클린턴처럼 쿨하게 자신의 삶을 헤쳐나갈 수 있는 사람이 몇이나 될까?

수십 년 동고동락을 함께해온 사람을 헌신짝 버리듯 배신하는 인간들에게 무슨 염치와 예의를 기대하겠는가.

삶에도 격이 있다. 한동안의 '눈먼 사랑'으로 힘들게 쌓아온 자신과 가족의 전 인생을 구렁텅이로 몰아넣을 것인가, 사랑과 신의, 헌신으로 소중한 사람들의 칭송과 존경을 받는 삶을 살아갈 것인가는 각자가 판단할 일이다.

- 부부 싸움, 칼로 물 베기 아니다
- 잔소리도 이혼감
- 아내의 존재 이유?
- 남편, 제일 가깝고도 먼 사이
- 비교 대상에서 감탄 대상으로
- 생산적인 벤치마킹
- '루저'와의 동거
- '버럭이'는 칭찬과 침묵으로 다독여야
- 사랑하는 사람에게 할 예쁜 말들, 하지 말아야 할 미운 말들
- 요리하는 남자가 아름답다
- 남편의 새 포트폴리오
- 홀로 떠날 자유를 허하라
- 당신을 설레게 할 수 있다면
- 닦고 조이고 기름치자
- 여성은 정신적 동물이다?
- 내 탓이다 미안하다
- 이웃방 하숙생, 편한 당신이 최고
- 숙명의 결합, 초심을 잃지 말자
- 내 감정 휘어잡기 - 위기관리 십계명
- 메멘토 모리 - 그 사람
- 사랑도 행복도 연습이다

Part IV.

내 사랑 웬수,
아직도 그대는 내 사랑

부부 싸움, 칼로 물 베기 아니다

가끔 이런 생각이 들 때가 있다. 한 번 살고 가는 인생, 한 인간과 내리 싸우다 가기에는 너무 억울하다는 생각. 인생의 당연한 통과의례로 생각돼 큰 망설임 없이 저지른 실수의 대가치고는 너무 가혹하게 오래가는 것 아니냐는 생각 말이다. 이런 생각은 비단 나 혼자만의 것이 아닌 듯하다.

오죽하면 세상에서 가장 오래된 전쟁이 '아편전쟁'(아내와 남편의 전쟁)이라는 우스갯소리가 회자되고 있을까. 이 말에 어이없어 헛웃음을 터뜨리면서도 고개를 끄덕일 수밖에 없는 것은 모두 숱하게 이 전쟁에 참여한 경력이 만만치 않기 때문이리라.

싸우면서도 헤어지지 않는 그 질긴 운명적 결합을 만든 그놈의 결혼이라는 제도가 언제부터 왜 만들어져 이리 속을 썩이나 그 유래와 연유가 슬슬 궁금해진다. 인류 최초의 인간인 아담과 이브가 있을 당시 에덴동산에는 그런 제도가 있지 않았는데 말이다.

이에 대한 논란이 분분하지만 그 핵심은 두 가지로 모아진다. 결혼이라는 제도가 인간의 두 가지 본성을 만족시키는 방편이므로 채용됐다는 것이 핵심이다. 즉, 종족 번식의 본능과 개체 유지의 본능을 공히 충족하는 쓸 만한 방도라는 계산이다.

결혼은 일종의 계약을 맺는 법률 행위다. 결혼은 두 남녀 간의 약속을 혼인 신고를 통해 법치국가가 공인하는 제도다. 국가에서 공인한다는 것은 마치 부동산의 소유권 인정과 같다. 법적으로 그 남녀의 소유자가 있어 무주공산(無主空山)이 아님을 만방에 알리는 것이다. 소유권자가 있으니 다른 사람은 함부로 손을 대지 말라는 경고성 인정인 것이다. 마치 소유권이 인정된 내 집에 아무나 들어와 살 수 없듯이. 그럼으로써 남녀 두 당사자 간에 권리와 의무 역시 주어지는 것이다.

온라인 백과사전인 위키피디아에 따르면 결혼은 '부계(父系) 불확실성'을 해소하기 위해 농경 시대의 정착과 고대 국가의 등장 이후 활용되었다고 한다.

'부계 불확실성'이라는 것은 아버지가 된 남자의 편에서 보면 자녀가 태어나도 자신의 아이가 아니라는 생각이 들 수 있다는 것이다.

여자야 그 몸 안에서 자라 열 달이나 지난 후에 태어난 아이이니 자기 것이 확실하지만 남자로서는 그를 확신할 방법이 없으니 아예 다른 남자의 접근을 차단하는 한 방법으로 결혼이라는 제도가 도입됐다는 설이다. 그와 함께 나중에는 소유권을 지켜주기 위한 간통죄가 생기는 등 법적 처벌 근거도 마련됐다.

이제 유구한 세월이 흘렀고 세상도 많이 변했다. 이제는 간통죄가 인간의 사생활과 자유를 억압하는 폭력적인 조항이라면서 유교 사상이 지배적인 우리나라에서조차 폐기됐다.
최근 들어 평생을 함께 살아온 부부들의 졸혼 선언과 급증하는 황혼 이혼은 물론 젊은이들의 비혼 풍조도 법률적 변화를 몰고 온 세상의 변화와 궤를 같이하고 있다. 결혼은 더 이상 '검은 머리, 파뿌리가 되도록' 함께 살아내야 하는 그리고 뒤집을 수 없는 불가역적(不可逆的) 계약이 아닌 것이다.

혹 잦은 부부 싸움으로 아내를 지치게 하면서도 남자들이 언제까지나 '우리 집안의 결혼 공동체가 그래도 무사하리라'는 생각으로 임한다면 말년의 고독은 피할 수 없으리라. '부부 싸움은 칼로 물 베기'란

이 말은 더 이상 유효하지 않게 됐다. 여자들은 이제 더 이상 참지 않고 행동에 옮기는 것을 주저하지 않는다.

늦은 나이에도 여자들은 "한 번뿐인 인생, 더 이상은 아니다"며 행동에 옮겨 이혼이 유사 이래 가장 높은 통계 수치를 기록하는 것이다. 오죽하면 남자들에게 정신 차리라는 의미를 담은, 고사성어를 패러디한 말들이 유행처럼 회자되겠는가.

'남편 목숨은 아내에게 달려있다.'
(人命在妻, 목숨이 하늘에 달려있다는 人命在天에서 따온 말)
'아내와 화목해야 모든 일이 잘 풀린다.'
(妻和萬事成, 가정이 화목해야 모든 걸 이룰 수 있다는 家和萬事成에서 따온 말)
'세상사는 아내에게 7이, 세상 기운에 3이 달려있다.'
(妻七氣三, 세상일은 운에 7이, 기에 3이 달렸다는 運七氣三을 패러디한 말)

그럴싸하지 않은가. 아주 명언처럼 보인다. 늦은 나이의 남자들이 금과옥조로 삼아도 될듯하다. 이제 그 나이가 됐으면 무조건 져주라. 그게 남자다운 길이다. 싸울 사람, 이길 사람이 없어 평생을 헌신해온 아내와 또 싸운단 말인가. 아내와 티격태격 싸우는 남자, 한심하고 옹졸해 보인다. 평생의 동지, 전우애로 뭉친 부부라면 이제쯤은 철이 들어 그 전우애를 내 밖의 적을 물리치는 데 써야 하지 않겠는가. 그게 질병이든, 경제적인 어려움이든, 나라를 구하는 외부 적과의 전쟁이든.

잔소리도 이혼감

빨리 좀 일어나라. 속옷 좀 갈아입어라. 트림이나 방귀는 소리 내지 말고 하라. 변기에 오줌 좀 튀기지 마라. 밥 먹고 들어올 때는 전화를 미리 해라. TV 좀 그만 보고 일찍 자라. 자기 전 꼭 이를 닦아라.

나를 포함한 아내들이 하루도 빠짐없이 남편에게 해대는 잔소리들 상위 목록들이다. 모르는 사람이 들으면 마치 어린 자식에게 엄마가 하는 닦달로 들릴 판이다. 잔소리를 녹음기 틀어놓듯 하는 '가해자'인 내가 들어도 심한데, 듣는 사람은 얼마나 지겨울까 상상이 가긴 한다.

문제는 이 소리를 수십 년간 하고 있다는 사실이다. 마치 투명인간에게 해댄 듯 아무것도 달라지지 않았다는 얘기가 된다. 참, 내 경우

담배 좀 그만 피우라는 잔소리는 얼마 전부터 빠지게 됐다. 그건 내 잔소리가 먹힌 게 아니고 건강검진 결과, 몸에 이상에 생겨 제 스스로 끊은 거다. '과연 그게 잘 될까?' 했는데 정말 단칼에 끊어버리더라.

"어이구, 일찍 죽긴 싫은가 보네. 그럼 다른 것도 그렇게 해보시지"라고 한마디 했으나 그는 노코멘트로 일관한다. 결국 아내가 평생 내뱉은 소리는 웬 옆집 견공이 짖으시나 정도로 받아들인다는 소리가 아니고 무엇인가. 이렇게 되면 아내는 가해자라기보다 피해자라고 해야 옳다.

'철부지' 남편들 때문에 나처럼 열 내는 주부들 많고도 많다. 젊든 늙든 남편들은 정말 어떤 땐 '무뇌아' 같아 "저러고도 밖에서 밥벌이하는 게 신기할 때가 많다"고 입을 모으는 여성들이 부지기수다.

"아침마다 전쟁이에요. 애들 깨우기도 힘들어 죽겠는데 50이 다 되어가는 남편을 깨워야 한다니……."

아파트 단지에서 개설 중인 아쿠아로빅 오전반 단골 지각생인 그녀가 매번 입버릇처럼 하는 푸념이다. 같은 반 주부들은 "깨우지 마. 한번 크게 당하게 해야 정신을 차리지"라고 조언한다. 그녀 역시 몰라서 그러는 게 아니란다.

그렇게 벼르다가도 막상 출장으로 새벽에 국제선을 탄다거나 회사 오너에게 브리핑을 하는 등 '사활'이 걸린 일이 있을 때는 깨우지 않고는 못 배긴단다.

혼자 못 일어나는 버르장머리를 고칠까 해서 평소 출근 시간에 몇 번 지각도 하게 했지만 그러다 해고당할까 무서워 다시 매일 깨우는 신세가 됐단다.

그런데 괘씸한 건 새벽 골프 모임 갈 때는 시계의 경보장치를 이중 삼중으로 해놓고 거뜬하게 일어나니 얼마나 얄미운지 모른다는 거다. 그러니 '저 인간이 나를 일부러 약 올리려는 거 아냐?' 하는 의구심마저 든다니 이해가 간다.

삶이 나날이 팍팍해져서인지 최근에는 '잔소리 이혼'이라는 신조어가 생길 정도이다. 특히 살 만큼 살아온 중년의 부부는 슬슬 권태기도 와서 상대가 꼴도 보기 싫어지는 데다 남편이 무반응으로 일관하니 잔소리가 더 집요해지고 자극적이 되어가는 거다.

그러니 잔소리가 말다툼이 되고 결국 이혼으로 끝장을 보기도 한다. 이혼으로 가는 싸움은 대부분 사실 별거 아닌 것에서 시작해 나중에 원인 분석을 해보면 헛웃음이 나올 지경인 경우가 허다하다.

중년의 아내는 갱년기를 겪으면서 남성 호르몬 증가로 더욱 거세지는 데 반해 남자는 그 반대가 되니 더욱더 아내의 잔소리가 심해지는 거란다. 게다가 잔소리는 함께 있는 시간에 비례한다고 하니 은퇴를 앞둔 남편들은 앞날이 깜깜할 수밖에. 잔소리는 서로를 지치게 하고 어느 누구도 승자가 될 수 없는 '제로섬 게임'이다.

여자들은 말한다. "잔소리도 애정이다, 정말 미워지고 싫어지면 잔소리도 안 나온다"며 "잔소리를 고맙게 여기라"고까지 말한다. 그리고 "정 싫으면 잔소리 안 듣게 하면 될 거 아니냐"고 따진다.

잔소리하는 여자들도 그놈의 잔소리와 이별하고 싶다.

아내의 존재 이유?

　남편들은 여자들이 '아들 같은 남편'이니 '철부지'니 비아냥거리면서 은근히 그 상태를 즐기는 것 같다고 꼬집는다. 그게 아내의 '존재 이유'라는 거다.
　뭔가 제 역할의 중요성을 인정받고 싶어하는 영역 확장의 심리, 그리고 '넌 내 손 안에 있다'는 강력한 소유 심리를 스스로 확인하고 싶은 거라고 진단한다.

　뭐 그 말도 맞는 것 같다. 문득 잔소리마저 안 하면 '데면데면한 중년 부부가 새삼 무슨 얘기를 하고 사나?' 하는 한심한 생각도 드니까. 정신적, 육체적으로 코드가 모두 어긋나 있는데 잔소리라도 해야 부부라는 걸 확인할 건더기가 생기는 게 아닌가 말이다. 딱한 노릇이다.

내 남편의 고교 동창 모임에서 대놓고 아내들을 마구 비웃었단다.

아내가 곰국을 잔뜩 끓여놓고 해외여행을 가면서 자기 없으면 큰일이라도 날 듯 온갖 잔소리를 퍼붓고 가지만 남편들은 사실 쾌재를 부른다고.

번지수가 틀렸단다. 아내가 없는 집에 비로소 평화와 고요함이 찾아들어 마치 공중부양한 듯 온몸이 가벼워지는 느낌이 든다고 이구동성으로 말했단다. 그리고는 그 지겨운 잔소리를 견디고 돈까지 벌어다 바치면서 살아가는 자기들도 이해가 안 된다며 혀를 찼다는 것.

"아내가 없는 사이 정말 행복했다. 인간답게 제대로 사는구나 하는 생각마저 들었다. 그동안 내가 얼마나 감정노동을 심하게 하고 살았나 측은해지더라"고 한 인간도 있다니 원 참……

남편들은 '수렵채취형 동물'인 자신들이 '가내수공업'에 몰두 중인 여자와 전적으로 다르다고 말한다. 수천 년부터 내려온 유전자와 코드가 다르니 바깥 '사냥'에 꽂혀있는 남편의 머릿속에 아내의 잔소리가 들어갈 구멍이 없다는 거다.

남자는 아내가 호소하는 '문제의 해결'에는 그래도 관심을 보이지만 불만이나 하소연 같은 잔소리에는 무관심하다는 것. 해결사의 성취감도 맛볼 수 없으니까. 또 아내가 상냥하게, 혹은 애원하듯이 말할 때는 수컷의 본능으로 귀를 기울이지만 지시형일 때는 불쾌해 일부러 무시한다는 거다. 그러니 "왜 청소 안 해줘?"라고 따지듯 말하기보다 "청소 좀 해줘"라고 긍정적 화법을 쓰면 효과가 배가된다는 주장이다.

또 잘하려는 시도가 가상하면 결과가 미흡해도 잔소리는 금물이란다. 아내 생일이라고 좋은 레스토랑에 예약했는데 "비싸기만 했지 분위기도 맛도 별로다"라고 질타하는 경우다.

이러면 대접을 발로 차는 격이며 남편을 맥 빠지게 하기 십상이란다. 이미 밥은 먹었고 돈은 내야 하는데 괜히 기분 망칠 일 있나 말이다. 잔소리에도 요령이 필요하다는 말이렷다.

그리고 남편을 근본적으로 못 믿겠다는 식으로 말하지 말란다. 회사 일로 늦었다는 그에게 "거짓말이지? 믿을 수 없어"라고 잔소리를 해대면 다음부턴 거짓말부터 꾸며댄다고.

거짓말은 날이 갈수록 고단수에 유창해지는 정도가 높아지는 강한 확장력이 있다는 걸 아시나. 잔소리가 안 먹힌다고 분노하기 전에 나 자신 상대의 잔소리로 얼마나 바뀌었나 입장 바꿔 생각해볼 필요가 있다.

그런데 말이다. 아내의 잔소리가 먹힐 때가 있다고 남녀 모두 동의하는 경우가 있다. 잔소리가 남편의 머리와 마음을 운전 모드로 돌게 하는 유일한 방법은 칭찬이라는 사실이다. 남자들 역시 "남자는 아내 앞에서 우쭐대고 싶어 하니까"라고 확실하게 인정하는 바다.

집안일을 거들면 "참 좋아. 그리해주니 고마워, 여보"라고 당장 칭찬부터 해보자. 그러면 뭐 더 칭찬받을 일 없나 계속 찾는다더라.
'남자들은 철부지'라는 거, 괜한 말이 아닌 거다.

남편,
제일 가깝고도 먼 사이

가끔 부부가 함께 지하철을 타고 자리가 없어 서로 맞은편에 앉아 있을 때가 있다. 주위의 사람들 속에서 서로를 보다 객관적으로 살펴볼 수 있는 기회다. 상대의 주름살이나 표정, 매무새가 한눈에 들어와 가끔 내 매무새를 가다듬곤 한다. 그러면서 '도대체 저 인간은 누구인가'하는 생각이 슬며시 들 때가 있다.

일생을 함께하면서 서로 온갖 추태까지 공유하는 사이, 인간의 본능적 이기심이나 저급함을 그대로 드러내는 사이, 수시로 헤어질까 저울질하면서도 못 헤어지고 질긴 인연을 계속하는 사이, 날이 갈수록 얼굴조차 닮아가는 사이, 그 모든 게 기가 막혀 헛웃음을 웃게 하는 사람.

소싯적 신랑은 이제 남편-웬수-친구를 거쳐 평생의 동지가 됐다. 인생이란 전쟁터에서 한 목표를 향해 나아가는 전우애로 뭉친 동지……. 그러나 여자들이, 아니 부부들이 서로에게 은밀하게 감추어야 하는 몇 가지가 있기 마련이다.

시인 문정희의 '남편'과 '오빠'라는 두 시는 무릎을 치게 하는 '촌철살인'의 시다. '웬수'인 남성 배우자를 어쩜 이리 잘 표현했을까 혀를 내두르게 된다. 답답한 여성들의 마음을 뒤집어 펼쳐 보이듯 그 묘사가 친근하고 사실적이다.

"아버지도 아니고 오빠도 아닌/아버지와 오빠 사이의 촌수쯤 되는 남자/내게 잠 못 이루는 연애가 생기면/제일 먼저 의논하고 물어보고 싶다가도/아차, 다 되어도 이것만은 안 되지 하고/돌아누워버리는/
세상에서 제일 가깝고 제일 먼 남자/이 무슨 원수인가 싶을 때도 있지만/지구를 다 돌아다녀도/내가 낳은 새끼들을 제일로 사랑하는 남자는/이 남자일 것 같아/다시금 오늘도 저녁을 짓는다/그러고 보니 밥을 나와 함께 가장 많이 먹은 남자/전쟁을 가장 많이 가르쳐준 남자"

— 문정희의 시 '남편'

남편을 오빠에 비유한 시 역시 그렇다. 집안에 오빠가 있어본 사람은 이 시를 보고 감탄하지 않을 수 없다. 시인에게 감사를 드린다. 소싯적 취재원으로 한두 번 만났던 시인께 기회가 되면 맛있는 밥 한 끼 대접하고 싶다. 영원히 철 들 것 같지 않은 그 '오빠'들이 이제 속절없이 늙어가고 있으니 안타깝고 애처롭다. 그들의 건투를 빈다.

"이제부터 세상의 남자들을 모두 오빠라고 부르기로 했다/집안에서 용돈을 제일 많이 쓰고/유산도 고스란히 제 몫으로 차지한 우리 집의 아들들만 오빠가 아니다/오빠!/이 자지러질 듯 상큼하고 든든한 이름을/이제 모든 남자를 향해 다정히 불러주기로 했다/

오빠라는 말로 한 방 먹이면 어느 남자인들 가벼이 무너지지 않으리/꽃이 되지 않으리/모처럼 물안개 걷혀 길도 하늘도 보이기 시작한 불혹의 기념으로/세상 남자들은 이제 모두 나의 오빠가 되었다/나를 어지럽히던 그 거칠던 숨소리/으쓱거리며 휘파람을 불어주던 그 헌신을/

어찌 오빠라 불러주지 않을 수 있으랴/오빠로 불려지고 싶어 안달이던/그 마음을 어찌 나물 캐듯 캐내어 주지 않으랴/오빠! 이렇게 불러주고 나면 세상엔 모든 짐승이 사라지고/헐떡임이 사라지고/오히려 두둑한 지갑을 송두리째 들고 와/비단 구두 사주고 싶어 가슴 설레이는 오빠들이 사방에 있음을/나 이제 용케도 알아버렸다"

– 문정희의 시 '오빠'

비교 대상에서 감탄 대상으로

남자 후배가 열을 올린다.

"마누라가 '굿샷! 굿샷!'을 연발하더니, 내게 '이제 보니 매제가 당신보다 파워가 월등히 좋네'라고 하더라구요. 그게 여러 사람 앞에서 할 소리예요?"

그래서 처제 부부와 골프 라운딩을 끝내고 돌아오는 차 속에서 대판 싸웠단다. 더 화가 나는 것은 아내가 "아랫사람 칭찬 좀 하는데 속이 밴댕이 같아가지고!"라고 빈정대며 속 좁은 인간 취급하더라는 것.

나 역시 "아니 그런 걸 가지고 뭘 그래? 골프 가지고 열 낼 나이도 지났는데"라고 아내 편을 들었지만 그는 "이참에 늘 입버릇처럼 비교하는 마누라 버릇을 뜯어고치겠다"고 씩씩댔다. "남자가 가장 행복할 때는 자기 동서보다 연봉이 한 푼이라도 많을 때"라는 우스갯소리가 마침 떠올라 한참 웃었다.

사람 사는 세상 다 거기서 거기지만 이런 우스갯소리가 다른 나라에서도 통할까 잠시 생각했다. 아마 '비교 공화국'인 한국에서는 특히 공감이 가는 조크가 아닐까? 평등의식이 유난히 강한 한국에서는 사촌이 땅을 사면 배가 아프고, 세계 최고의 사치품 소비국이 된 것도 소득과 무관하게, 남에게 보여주기 위한 비교 심리가 유난히 강한 때문이 아닐까?

그러니 부부간에 서로를 남과 비교해 힐난하는 소리는 결혼생활을 망치고 배우자를 죽이는 독약이리라. 스스로 남편을 남과 비교하지 않는다고 자부하는 내가 남편에게 그 후배 얘기를 하며 슬쩍 물었다.

"여보, 나는 당신을 누구와 비교 안 하는 사람이지?"

그런데 웬걸. 1초도 쉬지 않고 즉답을 던진다. 마치 기다렸다는 듯. 평소에는 반응이 늦어 늘 속 터지게 하는 사람이 얼마나 이런 기회를 기다렸으면 이리 속사포로 쏟아대는가 말이다.

"아니야, 당신 수시로 비교하지. 그래서 어떤 때는 그냥 권총으로 어떤 때는 따발총으로, 심할 때는 핵폭탄을 던져 상처를 입힌다니까."

순간 '으악'하고 놀랐다. 30여 년을 산 부부가 이렇게 생각이 다르다니 어이가 없었다. 내 딴에는 칭찬받으려 질문을 던진 건데. 그러면서 충고까지 곁들이니 번지수가 너무 틀린 거다.

"우린 비교하지 않는 버릇을 훈련받고 연습해야 해. 특히 남자는 자신의 능력을 아내가 다른 남편과 비교할 때 치명적인 상처를 입거든."

그러면서 내 비교행위의 몇 가지 예를 들었다. 내 기준으론 '단순 팩트'를 전달한 수준인데 그 사람은 남의 남자와 비교하려는 함의가 있다고 생각한 모양.

예를 들어 "그 친구, 남편이 차를 바꿔줬더라구. 한턱낸다고 해서 잘 먹고 왔지"라는 말은 내게 있어 단순 팩트 전달이다. 남편이 어디 갔다 왔느냐고 물었으니까.

근데 이 사람은 "당신은 그런 차도 안 사주고 뭐 하는 거냐?"로 들은 모양이다. 평소 외제차나 명품백 등에는 자기 아내가 관심이 없다는 것을 대견하게 생각하는 사람인데도 이럴 정도니 사람 속마음은 정말 모르는 거다.

"내 친구 남편이 친구한테 뭘 해줬대"하는 말이 모두 그걸 원해서 한 얘기로 들은 거다. 문득 "여자가 말하는 즉시 남편은 '문제 해결을 요구한다'고 해석해 그걸 해결하지 못할 경우 분노하거나 좌절한다"는 심리학자의 글을 읽은 게 떠올랐다. 그게 '수컷'의 본능이라니 할 말이 없다.

남편이 하도 진지하길래 "난 비교할 의도가 전혀 없었는데 그건 당신 열등감 때문이다"라고 지적하려다 그만두었다. 나 자신, 비교당할 때 유난히 예민하게 반응했던 때는 내가 열등감을 느끼는 부분에 대해서라는 걸 경험적으로 잘 아니까 말이다.

다행인지 불행인지 내 남편 근처에는 잘 나가는 친구들이 유난히 많다. 그냥 그들의 화려한 동향이 자꾸 언론에 회자되어 아는 척한 것도 남편을 비교, 폄하하는 느낌을 주었다니 기가 찰 노릇이다. 태연한 척하느라 얼마나 힘들었을까 생각하니 내 의도야 어찌 됐든 미안해지고 안쓰러운 마음도 샘솟았다.

그렇지 않아도 '인생은 고해 바다'인데 아내라는 자가 거기에 일조했으니 말이다. 사실 솔직히 부럽고 욕심도 나는 게 인지상정이다. 그런데 말이다. 그게 남편 뜻대로 되는 일이 아니지 않은가.

입장을 바꾸면 금세 이해가 간다. 대충 생긴 내게 남편이 "당신, 내 친구 마누라처럼 늘씬하고 예쁘게 좀 생기지"하고 주문하는 것과 매한가지니까.

또 남편이 "그 친구 요새 세월 좋아. 그 마누라가 유산을 꽤 받았다네"라고 전한 날, 그리 유쾌하지 않았던 걸 기억하니까. 남편이 별 의도 없이 한 얘기인 걸 잘 알면서도 말이다.

암튼 인간을 대하면서 기본으로 깨닫고 기억해야 할 한마디.

"우리가 사람을 대할 때 논리의 동물을 대하고 있지 않다는 걸 명심하라. 우리는 감정의 동물, 편견으로 마음이 분주하고 자존심과 허영에 따라 움직이는 동물을 상대하고 있다고 생각하라."

인간관계에 대해 많은 저서를 집필한 데일 카네기의 말이다. 인간이 지니고 있는 근본적인 한계를 알라는 말이다. 그도 나도 어쩔 수 없는 한계를.

생산적인 벤치마킹

어느 책에 의하면 인간이 자꾸 더 가져도 불행한 이유는 두 가지. 하나는 '남과의 비교' 때문이고 또 하나는 원하는 것을 가져도 금방 그게 별것 아니게 되어 또 다른 것을 원하게 되는 '쾌락적응원리' 때문이란다.

사람들은 자신이 가진 것과 상관없이 경쟁 상대보다 우월하다 여길 때 비로소 행복을 느낀다는 얘기니 비교하는 한 인간의 불행은 끝이 없게 되어있는 거다. 누구누구는 돈도 잘 벌고 인품, 외모마저 흠잡을 데 없다면서 비교를 거듭하면 이건 '동반자폭 수준'인 거다.

비교당하는 상대도 죽을 맛이고 비교하면서 스스로 비참함에 빠지는 자신도 그러니 동반자폭이 맞는 말이다.

  비교가 생산적인 면도 있다. 소위 '벤치마킹'이라는 말은 잘 비교해 배울 점은 따라가자는 거니까. 학교와 직장에서 남과 끊임없이 비교하면서 자신을 채찍질하는 것이 곧 앞으로 나아가는 삶의 동력이 되니까.

  '남보다 더 잘하겠다'는 목표를 갖고 매진할 때 성과를 이룰 수 있으니까.

  학교 성적도, 취업도, 건강도, 재물도 다 나와 경쟁하는 상대를 이겨야 가능한 것이니 비교의식은 피할 수 없는 필요악이기도 하리라. 소비자들의 상품 비교가 기업의 국제 경쟁력을 키우는 요체가 되기도 하는 거고. 그러니 비교야말로 행복과 불행의 요체인 셈이다.

  근데 비교에도 나쁜 비교와 좋은 비교가 있다. 배우자의 장점을 남들과 비교해 둘만 있을 때 칭찬하는 방법은 좋은 비교일 게다. 부부 모임에서 돌아오면서 "당신의 아이디어와 언변이 가장 합리적이고 돋보이더라" "당신이 누구보다 훨씬 품위 있어 보인다"고 말하자는 거다.

  부부가 늘 서로 행복한 무드 속에 살고 싶다면 당장 부정적인 비교는 그만두고 배우자를 칭찬하는 좋은 비교를 해보자. 그러면 그는 당신을 실망시키지 않고 그 기대에 보답하기 위해 자신감을 갖고 더 열심히 노력할 거다.

 무엇보다 우리가 평소에 습관화해야 할 것은 비교하지 않는 마음가짐을 꾸준히 훈련하는 것. 사람은 비교 대상이 아니라 다름의 확인, 감탄 대상인 것을 늘 생각하면서 말이다.
 비교당하고 비교하는 한 제아무리 돈과 명예가 있다 한들 불행은 끝이 없다. 우리보다 한 수 위인 사람은 언제 어디서든 새롭게 출몰하니까.

 긍정적인 비교는 상대에게 날개를 달아주고 부정적인 비교는 골병 들게 한다. 특히나 상대의 부모나 집안을 끌어들여 비교, 비난하는 것은 '핵폭탄 수준'의 파괴 행위임을 왜 모르랴.

 우리는 모두 다 상처를 주고받으면서 사는 존재임을 잊지 않아야 한다. 그러므로 적어도 가정만은 상처를 치유할 수 있는 곳이 되어야 하지 않을까?

 집 안에서만이라도 칭찬과 감탄의 선순환이 필요하다. 길게도 말고 당신의 배우자에게 기회 있을 때마다 고개를 끄덕이며 "역시 당신은……." "과연 당신은……." 그렇게 자주 말해보자. 우리의 영원한 목표인 행복으로 가는 길은 사실 작은 것에서 출발하니까.

'루저'와의 동거

시도 때도 없이 흥분해 무섭게 짖기로 동네에서 악명높은 우리 집 똘이, 배달꾼들의 발꿈치를 물지 않나, 때론 식구들에게도 으르렁거려 골칫거리였다. 근데 이웃집 덩치 큰 진돗개는 우리 집에 놀러 와 조그만 똘이가 귀찮게 짖어대도 '너는 그러든지'하는 표정으로 늘 태평했다.

그런 모습이 똘이를 약오르게 하는 게 분명해 보였다. 그러던 어느 날, 그 진돗개가 똘이의 뒷덜미를 뼈가 허옇게 보이도록 물어뜯어 놓았다. 그 순해 보였던 진돗개가 자기의 밥그릇을 까불며 넘보던 똘이를 가차 없이 엄단한 것이다.

"흔히 사납고 용감해서 심하게 짖는다고 하는데 겁이 많아 그러는 거예요. 개나 사람이나 마찬가지죠. 사람도 자신 있으면 별거 아닌 거로 화 안 내잖아요."

혼비백산해 애견병원으로 달려가 전후 사정을 설명하니 똘이를 보고 수의사가 했던 말이다. 주변에서 불같이 화를 내는 사람들을 보면 얼핏 이 수의사 말이 떠오르곤 한다. '그래, 속이 불편한가 보네' 하고 생각하면 화를 낸 상대를 측은지심이 동하게 된다.

안타깝게도 내 주변에는 화를 참지 못하는 '버럭이'가 많다. 수시로 분노를 표출하는 남편이 무서워 아예 이혼도 하지 않고 외국으로 도망간 여성도 있다. 가만히 있다간 제 명에 못 죽을 것 같은 생각이 들어서란다.

인정하긴 싫지만 나 또한 '한 버럭'쯤 된다. 제 성질도 스스로 제어하지 못하는 안타까움에 이런 기질이 유전인가, 그런 상황을 보고 자란 학습의 결과인가 고민하게 된다. 금세 끓어오르던 화가 풀리면 제풀에 머쓱해져 상대에 죽을죄를 지었다며 꼬리를 심히 내리는 게 공통점이다.

아주 가까운 친구의 남편은 고위 공무원이었다가 신임 장관의 정책 발표에 핏대를 올리며 반기를 드는 바람에 자의 반 타의 반으로 사퇴

해야 했다. 그뿐인가. 대학으로 옮겨서는 '못마땅한' 재단 측에 불같이 화를 내곤 해 두 번이나 자리를 옮겨야 했다. 화가 풀린 후 그는 으레 자신을 '관계의 미숙아'라 지칭하며 멋쩍게 웃는다고.

어느 모임에든 이런 미숙아들이 한두 명 있으면 작은 얘깃거리에도 금방 주변이 소란해진다. 좋게 말하면 토론 문화가 아주 활성화된 것이고 나쁘게 말하면 남의 말을 인정하지 않고 핏대를 올리며 상대 주장의 모순을 질타하기 때문이다.

참석자들은 모임이 끝날 때쯤 되면 늘 피곤하니 '다음부턴 가급적 덜 만나고 입도 다물어야지'하는 결심으로 집으로 향하곤 한다.

최근 화풀이 삼아 애꿎은 행인을 공격하는 사건이 줄을 잇는 데다 스트레스 환자가 지난 몇 년 사이 급증했다는 언론 보도를 접하고는 성냄에 대해 생각하게 된다.

나를 비롯한 주변의 화 잘 내는 지인들이 아직 병원 신세는 안 졌지만 치료받아야 할 스트레스 환자 수준은 혹 아닌가 해서다.

지난해 병원까지 찾아간 스트레스 환자가 11만5천 명인 것이지 실제로는 이에 시달리는 '준환자'는 헤아릴 수 없이 많을 것이다.

고혈압으로 혈압계를 달고 사는 남편을 둔 한 친구, "부부 싸움 시혈압을 재가며 화를 내는 남편이 쓰러질까 두려워 매번 그냥 져주고 만다"고 씁쓸해한다. 또 사소한 일에도 버럭 하는 남편의 예측할 수 없는 화에 시달리다 맘 편히 살겠다며 애들 결혼하자마자 황혼 이혼을 감행한 여성들도 주변에 있다.

나중에 화를 낸 원인을 들어보면 유치해 웃음이 나오는 경우가 왕왕 있다. 내가 지켜본 바에 의하면 화를 밥 먹듯 내는 사람들의 면피성 변명은 대략 이렇다.

우선 자신이 화를 내는 건 불의를 못 참고 정의롭기 때문이라 생각한다. 또 '그때뿐이고 뒤끝이 없다. 사실은 인정이 많고 여리다. 약자가 아닌 강자에게도 화를 낸다. 한 번 화가 나면 순간 안하무인이지만 금방 사과한다. 계산적이지 않다'라고 좋게좋게 생각하고 넘어가자는 것이다.

화는 소위 화려한 스펙과 무관하게 내지르니 더 가관이다. 한마디로 이들은 '화 좀 냈기로 서니, 다 잘 되자고 하는 것인데'하는 배짱이다. 그런데 문제는 화를 내는 일이 그들 말대로 고상한 정의감에서가 아니고 제 기분도 스스로 감당하지 못함을 만방에 공표하는 것이며 자신은 물론 당하는 타인도 불행하게 하는 것에 있다.

심리학자들은 화를 내는 것이 정의감은커녕 '자존감의 결여' 때문이라고 일갈한다. 제 감정도 제어하지 못해 이성을 잃고 판을 깨는데 이게 바로 '루저(Loser)' 아니고 무엇이랴.

'버럭이'는 칭찬과 침묵으로 다독여야

생전에 갖가지 사회적 이슈의 한복판에 서기도 했던 김수환 추기경은 "성냄이 자기와 남을 죽이며 사람을 쫓아 늘 외롭고 쓸쓸하게 만든다"며 화를 경계하라고 주문하곤 했다. 더구나 성냄이 야기된 문제를 해결하는 것도 아니고 결국은 자신에게 손해로 돌아온다는 것을 잊지 말라고 당부했다.

악에 받쳐 퍼붓는 화의 부정적 에너지는 나쁜 기운을 전염시켜 배우자와 자식의 행복을 짓밟고 사회를 병들게 한다는 연구 결과도 쉽게 접할 수 있다.

화로 인한 언어폭력에 주목하는 커뮤니케이션 전문가 바바라 베르

크한은 그의 저서 《화나면 흥분하는 사람》에서 그 대응 전략으로 "화에 말려들지 말고 화낸 자가 제풀에 나가떨어지도록 하라"고 조언한다.

배우자가 화의 덫에 갇혀버리면 그가 한 말을 되묻거나 동의해 독기를 빼버리라고 덧붙인다. 말없이 눈빛이나 제스처로 반응하고 화제를 확 바꿔 화낸 자를 혼란에 빠뜨릴 것, 오히려 칭찬을 해서 부끄러움을 줄 것 등을 제안한다. 내 경험상 맞는 말인 것 같다.

그러나 문제는 화내는 그들이 한집안 식구 또는 직장 동료이며 애인이고 친구이기도 한 사람들이니 멀리 내칠 수도 없고 그들에게 징벌을 내리기보다는 감싸 안아야 하기 때문이다. 상대가 제 버릇 개 주지 못하는 경우 할 수 없이 닦아서 써야 할 사람들인 것이다.

이들이 행복해야 내가, 가족이, 사회가 모두 행복할 수 있지 않은가. 또한 오죽하면 그럴까 하는 생각에 이르면 마음이 무겁다.
'한 버럭'하는 내가 30년 넘게 결혼생활을 유지하는 것은 순전히 남편 덕이다.

"이것 보쇼, 마누라. 뭐가 그리 심각한 거야. 잘 생각해봐. 그게 화를 낼 일인지…… 지금 주제에서 벗어나 엉뚱한 것으로 화를 내고 있는 것은 아닌지 곰곰이 따져보라구."

버럭 화를 낸 내게 남편은 '이그 이 측은한 인간아' 하는 표정이다. 화를 내다 머쓱해 그저 번번이 제풀에 주저앉는 건 이성적인 그의 반응 때문이다.

"당신이 안 그랬던가, 생각하기 나름이라고. 당신은 웃으면 예쁜데."

결국 본전도 못 건지고, 제 감정도 추스르지 못했다는 자책감이 나로 하여금 주눅이 들게 한다. 게다가 "인생은 가까이서 보면 지극히 비극적으로 보이지만 멀리서 보면 희극이라던데"라며 멋쩍게 웃는 그를 보면 없던 측은지심이 솟아나 더 이상 화를 품을 수가 없게 된다. '저 인간, 참느라 참 수고한다'는 생각이 슬며시 들기 때문이다.

분노에 분노로 대적하지 않는 그가 처음에는 얄밉고 위선적으로 보여 더 불같이 화를 냈다. 겉으로 보면 우리 집에서 목소리 큰 내가 매번 이기는 것 같다. 그런데 돌이켜보면 내 주장대로 된 건 별로 없다. 특히 내가 이성을 잃고 불같이 화를 낸 사안은 더욱 그렇다.

내가 요즘 '한 버럭'에서 '반 버럭'쯤으로 격상된 것은 기분이 나쁠수록 침착해지는 그의 힘 덕분이다. 그렇게 단련이 된 덕분일까. 주위에서 화를 가누지 못하는 사람들을 보면 '아, 저 사람 다루기 쉽겠는데……'라고 생각할 정도가 됐다. 그게 바로 내 모습이기도 하니까.

주변에 유달리 느긋한 사람, 늘 웃는 친구, 항상 깊은 호수처럼 흔들림이 없는 사람들은 상대의 화를 가라앉히는 방법으로 그 사람의 자존감을 높여주라고 입을 모은다.

화를 낸다는 것은 곧 자기 얘기를 들어달라는 다른 표현이니 애정을 갖고 무조건 경청하자는 것이다. 화를 잘 내는 사람일수록 자존심이 강하기 때문에 칭찬만큼 좋은 처방이 없다는 것.

곧 그가 한 말이나 행동의 긍정적인 면을 칭찬해 그의 자존감을 회복시켜 스스로 절제하도록 하라는 거다. 칭찬에는 장사가 없고 그 스스로 자신의 행동을 뒤돌아보게 하는 효과가 있다는 것. 상대가 불같이 화를 냈을 때 즉각적인 반응을 피하고 한 박자 늦춰 웃음을 띠며 대꾸하면 상대의 독기를 빼는데 5초도 안 걸린단다.

웃음은 스트레스 호르몬을 감소시켜 면역력도 높이고 체지방 분해 효과도 있다 하니 꿩 먹고 알 먹고 아닌가. 웃음은 행복 등 모든 문을 열 수 있는 '만능열쇠'라고 하지 않던가.

그러나 가장 중요한 것은 화는 잘 내면서도 이성 강한 사람을 누구보다 부러워하는 배우자들 스스로 화를 삭이는 훈련을 하는 것이다.

화도 중독성 강한 습관임을 되뇌면서 스스로 부끄러운 모습에서 벗어나기 위해 이를 악물고 참는 연습을 한다면 '한 버럭'에서 '반 버럭'을 거친 후 화가 날수록 침착한 사람이 될 날이 머지않으리.

지금 당신의 배우자가 불같이 화를 낸다면 무조건 입을 다물고 들어주라. 그리곤 혼자 온화한 미소를 지어보라. 화냈던 원인은 온데간데없이 사라지고 상대는 제풀에 미안해 멋쩍은 웃음으로 화답하리라. 쉽게 열 받는 내 동지들, 그저 웃자고요. 하하호호!

사랑하는 사람에게 할 예쁜 말들, 하지 말아야 할 미운 말들

결혼생활 중 희망과 꿈을 상실해 마음이 공허한 여성들에게 주는 책,《나.. 그만할래》를 집필해 한국에도 널리 알려진 작가, 스티브 스티븐스는 사랑스러운 말의 위대한 효능을 강조해왔다.

그가 선별한 '사랑하는 사람에게 해줘야 할 예쁜 말'과 '사랑하는 사람에게 하면 안 되는 말'을 소개한다.

무심한 사람들에게는 이런 말들이 낯설겠지만 사랑은 의지로 하는 것이라니 한 번 적절하게 사용하는 노력을 기울이면 어떨까? 혹 지친 결혼생활에 의외의 활력을 찾아주지 않을까 기대하면서.

닭살이 돋는다고? 하지만 노력하는 당신이 아름다워 상대가 당신을 새삼 눈여겨볼지 모를 일이다. 예쁜 말들은 해도 해도 모자란다.

1. 예쁜 말들…….

정말 잘했어요 / 역시 당신이네요 / 당신하고 떨어져 있으면 왠지 허전해 / 지나고 생각해보니 그때 당신 판단이 옳았어 / 당신이 있어서 얼마나 안심이 되는지 몰라 / 날마다 이 모든 일을 해줘서 정말 고마워 / 나와 가장 가까운 친구가 누군지 알아? 바로 당신이야 / 결혼을 다시 해야 한다면 그때도 난 당신과 할 거예요 / 하루 종일 당신 생각한 거 알아요? / 아침에 눈을 떴을 때, 당신이 옆에 있어서 좋아요 / 죽을 때까지 내가 사랑하는 사람은 당신뿐이야 / 당신은 언제 봐도 멋있어요 / 난 당신을 믿어요 / 당신이 나한테 얼마나 큰 의지가 되어주는지 모르죠? / 우울하다가도 난 당신만 보면 기분이 좋아져요 / 내가 세상에서 유일하게 잘한 일이 있다면, 그건 당신과 결혼한 일이야 / 미안해, 내 잘못이야 / 당신은 어떻게 하고 싶어? / 당신 생각은 어때? / 당신은 정말 특별한 사람이야 / 내가 뭐 도와줄 일 없어? / 날 사랑해줘서 고마워요 / 나와 함께 살아줘서 고마워

듣기만 해도 오글거리는 말을 어떻게 할까 하는 생각이 들지만 구구절절 좋은 말임은 분명하다는 생각이 든다. 한 번 시도하면 그 후로는 자연스럽게 나오지 않을까? 상대가 더 예쁘게 나올 테니까.

살다 보면 상대가 미워 가슴을 후벼 파는 얘기로 상처를 주고 싶다는 생각이 들 때가 있다. 내가 입은 상처만큼 아프게 해주자는 복

수심리에서다. 치졸하기 그지없지만 상황이 엉망이 되는 건 순식간이고 그에 처한 사람이 졸렬하고 야비하게 반응하는 것 역시 피하기 힘들다.

사람은 원래 그렇게 허약한 존재이니까. 미운 말들을 새겨둘 필요는 없지만 한 번 일별해 가급적 입 밖으로 내지 말자.

이미 당신이 일상에서 수시로 배우자에게 쓰고 있는 말인지도 모른다. 때론 아차 싶을 것이다. 지금이라도 늦지 않았다. 이런 문장은 온전히 지워버리자. 좋은 말만 듣고 하기에도 삶은 너무 짧으니까.

2. 미운 말들…….

왜 맨날 내 말을 무시하는 거죠? / 좀 더 책임감을 갖고 살 순 없어요? / 당신은 뭐가 그리 잘났어요? / 내가 왜 당신과 살아야 하는지 모르겠어요 / 난 내가 하고 싶은 대로 할거에요 / 당신은 허구한 날 하는 일마다 왜 그 모양이죠? / 당신은 맨날 자기밖에 몰라요 / 당신이 정말 날 사랑한다면 이렇게 할 리가 없지요 / 당신이 남들처럼 내게 해준 게 뭐 있어요? / 당신은 정말 세상 물정을 몰라도 너무 몰라요 / 나도 이제 당신 얼굴 보는 게 지겹다구요 / 당신이 할 만큼 나도 할 거에요 두고 보라고요 / 당신도 그런 식으로 한 번 당해봐요

보기만 해도 듣기만 해도 살벌한 표현들이다. 이 말을 내뱉는 당사자도 스스로 그 화기에 데일 것만 같다. 이 말 한두 마디 이틀에 한 번

씩 하면 옆에 붙어있을 사람 아무도 없을 거 같다는 생각이 든다. 칭찬도 세 번 하면 듣기 싫다는데 말이다.

게다가 남성 동무들이 흔히 하는 말이 있다.

"여자들이 한 번 불만을 늘어놓기 시작하면 지금 문제가 되고 있는 사안만이 아니라 결국 결혼 초에 발생했던 얘기부터 시작해서 나중에는 시댁의 문제까지 종횡으로 싸잡아 해 결국 상대를 질리게 한다."

이런 습관이 여자만의 것인지는 모르지만 미운 말들은 듣기만 해도 나쁜 기운에 전염된다는 생각이 들지 않는가. 그러기에 말에 의한 상처가 그 어떤 흉기에 의한 상처보다 깊다 하지 않는가.

요리하는 남자가 아름답다

앞치마를 두르고 요리하는 남자의 모습은 아름답다.

직장에서 와이셔츠 소매를 걷어붙이고 일에 열중하는 남자처럼 매력이 있다. 부엌에 남자가 서 있기만 해도 마치 햇빛이 쏟아져 들어오는 것처럼 기분이 환해진다는 것이 아내들의 이구동성이다. 그 남자에게서 또 다른 매력을 발견하는 순간이다. 가슴이 넓고 마음이 따뜻한 남자, 그런 남자 말이다.

아내와 함께 서서 요리를 하고 상을 차리는 모습은 그 자체만으로도 행복감을 쏟아낸다. 어쩌다 남편이 라면이라도 끓여놓았다고 아내를 부를 때 아내들은 그 맛이 어떻든 별안간 소풍 가는 아이처럼 기분이 가벼워진다.

그 기분을 남편들이 어찌 알랴. 그러나 한 번 아내가 드러누워 단 몇 끼라도 아내와 아이들을 위해 음식을 준비하고 식탁을 차려본 경험이 있는 남자들은 이런 아내의 심정을 쉽게 이해하리라.

자신이 끙끙대며 준비해 내놓은 음식을 접시까지 핥아가며 먹어주는 가족이 있다는 건 색다른 기쁨이 샘솟게 한다는 것을 몸소 체험했기 때문이다. 그런 체험은 아내가 차린 음식이 입맛에 맞지 않더라도 일부러 젓가락 몇 번은 가게 하는 배려의 선한 마음을 내게 할 것이고 남은 음식이 아까워 정성스레 포장해 냉장고에 넣는 수고도 기쁘게 하게 되리라.

정말 바람직하게도 언제부터인가 요즘 각종 문화센터 요리강좌에 남자 수강생들이 늘고 있어 이 나라 남자들이 선진국 대열에 드디어 진입하는구나 하는 느낌에 쾌재를 부르게 된다. 결혼을 앞둔 젊은이들만 있는 게 아니다. 중년과 노년의 남편들도 대열에 동참하고 있다.

웬 쾌재냐고? 단 며칠, 몇 번이라도 식구들을 위해 장보고 요리하고 그 뒤치다꺼리를 해본 이들은 아내의 끊임없는 노고를 조금이나마 이해하지 않을까 해서다.

그런 이해가 소통을 불러오고 그게 곧 가정의 행복으로 이어지니까 말이다.

"캔에 든 파인애플과 양파를 함께 갈고 거기에 겨자와 마요네즈를 넣어서 만든 소스로 샐러드를 만들어주니 식구들이 아주 좋아하더라구요. 멋진 요리가 그렇게 쉽게 태어나는 줄 몰랐어요."

강남구청 문화센터 요리교실에서 만난 50대 변호사 남성은 잔뜩 부풀어 있었다. 저녁 시간을 이용해 다섯 번의 강좌를 들으면 이탈리안 요리 10가지를 배워 아내와 아이들의 생일상을 멋지게 차려줄 수 있다는 설렘 덕분이란다. 여생의 큰 무기를 장만한 것 같아 매우 뿌듯하다는 그는 "세계 유명 요리사들은 대부분 남자 아니냐"며 자신감을 보였다.

그렇다. 음식을 하는 남자는 매력적이다. 여유와 훈훈함이 깃든 성품의 소유자 같아서 여성들에게 매력 만점이다. 요즘 TV 요리 프로그램에서 활약 중인 남성 요리사들이 얼마나 주부들의 환호를 받는지 옆에 앉은 남편들은 때론 시샘을 느낄 만하다.

우리는 흔히들 서먹해 친분이 없는 사이를 '밥 한 번 안 먹은 사이'라고 하고, 별로 호감을 주지 않는 사람을 '밥 한 번 안 사는 사람'이라고 지칭한다. 매일 먹는 밥이 별거일 리 없는데도 밥을 나누는 사이는 그만큼 중요하다는 말이렷다.

자연스레 별일 없이 밥 같이 먹고 싶어지는 사이는 중요하고 아름다운 관계임이 틀림없다. 오죽하면 밥을 함께 먹는 사람이란 단어가 식구일까. 그 밥은 식구들의 몸을 휘돌아 건강과 활력을 주고 같은 것을 배설케 하니 어찌 가까워지지 않으리.

아내를 위해 가끔 밥을 하는 남자가 되자. 가정의 행복과 화평은 기본이고 되로 준 것, 곧이어 말로 받을지어다.

남편의 새 포트폴리오

한 통계에 의하면 대한민국 남성들은 이제 은퇴 후 40년을 직업 없이 살아내야 한다. 남자 평균 수명 77세. 평균이 그러하니 100세도 다반사다. 그런데 평균이 63세였던 30년 전과 남편들의 '시간 요리법'이 별로 달라진 게 없으니 문제다.

한 조사에 의하면 우리나라 베이비붐 세대(50~58세)들의 여가 활동 상위 5개 유형이 TV 보기(16.2%), 낮잠이나 산책(11.9%), 등산(6.0%), 친구나 동호회 모임(5.5%)이니 그 이전 세대들은 더더욱 뻔한 일이다.

대부분 아내가 해주는 세끼 밥 먹고, 책을 읽거나 TV를 보다가 가끔 운동이나 산책을 나가 몸을 푸는 일이 고작이다. 식사 약속, 여행

등 밖에서 소일거리를 찾아보지만 한계가 있다. 회사 접대비로 하던 골프는 제 돈 내고 하기에는 너무 아까워 1년 정도 하다가 대부분 포기하더란다.

비교적 늦게까지 할 수 있는 전문직도 한계가 있다. '명예교수' 타이틀을 갖고 시간강사도 해보지만 오랫동안 하기엔 눈치가 보이긴 마찬가지다. 개인병원 의사는 60이 넘으면 젊은 환자들이 슬슬 피하고 종합병원에서는 후배 의사들이 '낼모레 떠날 사람' 취급하는 것이 눈에 훤히 보인다는 게 친구 남편들이 아내에게 하는 하소연이다.

한 대기업의 은퇴 연구소에서는 남성들도 은퇴 후 행복을 위한 포트폴리오를 짤 필요가 있다고 강조한다. 이 연구소는 우선 남성들에게 가정에 재취업하는 자세로 '선행 실습'을 하라 권고한다. 특히 평생 책상머리에 앉아 사무를 보던 남자들은 잘 모를 것이다. 설거지와 빨래, 걸레질 등 가사 육체노동의 즐거움과 신선함을…….

종일 책과 TV에 묻혀 지낸 머리를 개운하게 하는 데 특효약이다. 청소 후 반짝거리는 마룻바닥, 잘 다린 셔츠가 얼마나 소소한 기쁨을 주는지도 그네들은 잘 모를 것이다. '의미 있는 노후 설계'를 꿈꾸는 많은 남성들이 회의를 표시할 수 있다. 그러나 그건 잘 모르고 지레 하는 말이다.

남편처럼 살림을 타인에 맡겨두고 평생 직장 일만 해온 나의 경우 끊임없는 소일거리를 제공하는 집안일이 요즘 재미있다는 생각이 든다. 월급 받기 위해 하는 남의 일도 아니렷다. 내게 가장 소중한 가족을 위해 일 하는 것보다 더 확실한 내 일이 있을까.

평생을 함께 늙어가는 아내를 기쁘게 하는 일, 맞벌이 아들 내외의 꼬마를 키워내는 일은 얼마나 가치 있고 소중한 일인가. 손자, 손녀의 전인격이 형성되는 중요한 시기를 내가 책임진다는 것처럼 설레는 일이 또 있으랴. 젊어서 내 아이 키울 때 실수한 것을 만회할 수 있는 절호의 기회. 아내들의 걱정이 한갓 기우나 '바가지'에 불과한 것일까?

물론 집안일만 하라는 얘기는 아니다. 친구와 만나 술 한 잔 기울이면서 잡담을 하거나 등산이나 당구를 치면서 가끔 시간을 보내는 것을 어느 아내가 마다하리. 그나마 편하게 함께 놀 수 있는 친구들이나 경제적 여유가 있으면 천만다행이다.

함께할 친구가 없으면 제아무리 돈이 많고 건강한들 사는 재미가 있을 리 만무하다. 고독한 말년을 피하려면 이제부터라도 차근차근 저금하듯 관계를 쌓아가는 '우(友)테크'가 필요한 시대가 도래했다. 이런 엉터리 조어가 회자되는 걸 보면 그만큼 인생 100세 시대, 세상 끝까지 함께할 친구들이 그 어느 때보다 중요하다는 얘기다.

항간에 떠도는 '우테크' 십계명의 1조는 우선 주머니부터 열라는 것. 처음에는 좀 부담이 된다고 여겨지지만 모임 구성원의 마음과 주머니를 동시에 열게 하는 마술로 작용한다. 그 결과 모임이 훈훈하게 오래 지속되니 경쟁자 생기기 전에 먼저 시작하는 게 현명하다는 것이 인생 선배들의 조언이다.

그 외에도 먼저 전화해 밥 먹자고 할 것, 젊은이에게도 존대하기, 교훈적인 얘기를 하려 들지 않을 것. 동성 친구와의 만남이라도 멋진 차림으로 끌리게 할 것 등을 조언하다. 누구든 멋진 사람 옆에 있으면 자신도 덩달아 멋있게 보이고 긍정적 에너지를 얻게 되어 사람들이 좋아한다는 것이다. 구구절절 옳은 얘기다.

백화점 문화센터를 놀이터 삼아, 배움터 삼아 다니는 수많은 중년의 아내들. 남편과 함께 무언가를 배우고 타인을 위한 봉사 활동도 하면 얼마나 좋겠냐며 입을 모은다.

부부가 함께 사회적 교류도 확대할 수 있고 자연스레 공통 주제의 대화도 할 수 있어 좋단다. 이제 함께 있어도 할 얘기가 없어 식탁에 앉아서도 서로 말없이 TV를 보며 밥을 먹게 되니 삶이 지리멸렬하고 노후가 걱정된다는 것이다. 무시당하는 기분도 들면서……

부부가 함께 음미할 새롭고 반짝거리는 추억거리를 그녀들은 애타게 기다리고 있다.

'봉사 활동을 하면 수명이 4년이나 연장된다는데…….'

아내들의 머릿속은 그런 건강 정보들로 꽉 차있다.

무언가를 함께 배우는 일 역시 앞으로 둘 중 한 사람이 혼자 남아 겪어야 할 고독과 슬픔을 이겨내게 하는 '필살기'를 서로의 손에 쥐여 주는 일이 아닐까?

배워서 남 주자는 말도 새로 생겼다. 인간은 누구나 배워 봉사하면서 오늘보다 내일이 나을 것이라는 희망을 갖게 되니까. 희망은 사람을 젊고 활기있게 하는 묘약이다.

남편들은 맨몸으로 '험한 길'을 헤쳐온 눈치 9단 아내들의 제안을 잘 따르는 길이 살길임을 알아야 할 것이다. 여태까지의 타성에 젖어 '잘 안 될 거야'라고 지레 겁먹을 필요는 없다. 하루 종일 집안에서 빌빌거리며 잔소리나 해대는 남편, 군내가 펄펄 난다. 생각만 해도 지리멸렬하다.

지나간 것이 마땅하지 않으면 '지금까지는 그랬지……'하며 이제 다른 행동 양식을 선택하면 되지 않겠는가. 현재의 나는 내 선택의 총화임을 부인할 사람은 없을 것이다. 내일의 나 역시 내가 선택하면 되는 것이다.

홀로 떠날 자유를 허하라

 불현듯 옷 몇 점 챙겨 차에 싣고 입던 차림 그대로 일단 달렸다. '훌쩍 떠나고 싶다'고 치미는 마음이 일상에 눌려 꺼지기 전에 서둘러야 했다. 어디로 가야 하나? 말도 없이 집을 나서는 순간 막막해졌다.

 이왕이면 울창한 숲 속 풀벌레 소리가 멀리 떠나왔음을 느끼게 하는 곳, 밤이면 칠흑 같은 어둠 속 별이 쏟아지는 곳으로 '어서 나를 데려가야지……' 하는 생각뿐이었다. 달아나고 싶었다. 지겨운 일상에서.

 고속도로를 벗어나 시골 정취가 살아있는 샛길을 택해 몇 시간 달리다 한 산사에 도착해 짐을 풀었다. 추석 다음 날인데도 거긴 이미 코스모스와 들국화, 꽃무릇이 지천으로 피어있었다. '하녀 같은 일상'에서 해방된 기분이 솟구쳤다.

지축을 흔드는 듯 육중한 타종 소리, 스님들의 예불 소리를 듣는 순간, 소란했던 머릿속 뇌파에 변화가 일고 있음이 감지됐다. 진정과 치유의 새로운 파동이 온몸을 휘감고 지나가는 느낌이 들었다. '그래, 이거야!' 하는 생각이 들면서 나를 짓누르던 일상으로부터 온몸과 마음이 벗어나길 얼마나 바랐었는지 새삼 느끼게 됐다.

그렇게 지쳐있을 때 낯선 곳으로 길을 떠나는 것, 그건 선택이 아니라 필수임을 절감하는 순간이었다. 직장과 부엌을 오가며 제 스스로에 족쇄를 채우고 정신없이 일로매진했던 내게 온전한 비움의 시간을 준 게 얼마 만인가. 떠나고 싶다는 말을 입버릇처럼 되뇌면서 제풀에 주저앉고 말았던 내게 '가출'을 감행하게 한 것은 가을의 힘이다.

아스라이 드높은 하늘, 소슬한 바람, 마알간 햇살 속에 무엇이 감추어져 있길래 사람 마음을 이리 흔드는지 모르겠다. 이 나이에 한갓 배부른 투정으로 치부될까 억눌렀던 감상이 말갛게 씻기어져 투명하게 속살을 드러내니, 역시 가을은 가을인가 보다.

그곳엔 나처럼 혼자 가방을 들고 불심에 깃들기 위해 찾아든 여성들이 적지 않았다. 손바닥만 한 선방을 하나씩 배정받은 그들이 잠시 스쳐 지나가는 나에게 익명의 힘을 빌려 달빛 아래 쏟아놓은 사연들은 애잔하고 아프고 쓸쓸했다.

추석 명절도 가족 없이 산사에서 피해 지내야 했던 그들의 기막힌 사연, 낯선 공간에서 느닷없이 조우한 인연은 다시 만날 기회는 없겠지만 수시로 내 고민이 얼마나 사치인지를 말해줄 것이다.

"당신이 건강하고 그런 당신을 필요로 하는 가족이 있다는 것, 얼마나 행복한 일인지 모를 거야."

그것만으로도 그날 '가출'은 성공적이었다. 살다 보면 불현듯 떠나고 싶을 때가 있다. 살면서 내 앞이 온통 벽으로 막혀있다는 느낌을 받을 때 더욱 그러하다.

길들여진 것으로부터의 일탈을 꿈꾸는 여행은 다시 제자리로 돌아와 생기를 잃고 지친 익숙한 것들에 감사하며 새 생명력을 부여하는 일이다. 끝이 없는 자연 속에서 창조주의 위대함과 미미한 내 존재를 깨달아 겸허해지는 것, 희로애락을 함께 한 가족의 소중함과 익숙한 것들의 푸근함과 편안함을 확인하며 나의 현재에 자족하기 위해서라도 떠남은 좋은 것이리라.

탈출 계획은 인생이라는 압력밥솥에서 김을 빼 폭발을 막는 상상의 장치로 이미 계획만으로도 풍성하고 자유로운 일탈의 묘미를 느낄 수 있다.

멀리 떨어져 객관화된 시각으로 내 일상을 조망케 하는 여행은 나의 고민이 살아있음의 증거이며 마음먹기에 따라 전혀 다른 경지로 치환될 수 있다는 것, 상처를 받는 일조차 대접받길 원하는 오만함의 소치였음을 알게 한다.

내가 여행에서 하루 속히 돌아오길 기다리는 가족이 그리워지고 그들이 붙박이인 듯 늘 거기 그렇게 대기하고 있음에 감사함도 저절로 솟구칠 것이다. 이런 깨우침이 잊혀질 때쯤 우린 또 길 위에 설 필요가 있는 것이다.

남편에게도 가끔은 혼자 떠나는 자유를 허하는 아내, 멋지지 아니한가.

당신을 설레게 할 수 있다면

"일생을 맞벌이에 집안일도 해왔는데 당신 내게 이럴 수 있어?"

항상 미지근한 남편은 변하지 않았는데 불쑥불쑥 울화통이 터졌다. 별 말없이 태평하게 TV를 보며 웃고 있는 그 얼굴에 다듬던 콩나물 바구니를 던지고 싶은 충동이 일었다.

"항상 씩씩한 내가 창피하게 이게 무슨 꼴이람."
의젓한 내게 부끄러운 기분이 들게 한 것도 다 그의 죄였다.

"너 그 사람 온순해서 네 말 잘 듣고 여태 잘 산 거야. 고마운 줄 알아야지."

나의 불평을 잠재우기 위해 팔순을 넘긴 어머니는 사위 편을 들고 나서신다.

이런 나의 하소연에 친구들은 '사추기(思秋期)' 때문이라는 진단을 내린다. 10대의 청소년에게 사춘기가 찾아오듯 중년의 여성들에게 찾아온다는 사추기. 기쁘나 슬프나 별 감정 변화가 없어 한결같다며 좋게 봐줬던 남편이 어느 날부터 '냉정하고 쌀쌀맞기 그지없는 인간'으로 느껴지면서 내 병은 시작됐다.

내가 남편을 떠밀어 최근 토요일마다 열리는 '아버지 학교'에 등록시킨 것은 그와 나를 가로막고 있던 왠지 모를 벽이 답답하게 느껴졌기 때문이었다. 겉으로는 지극히 평화로워 그 벽은 남편이나 다른 사람에게는 보이지 않는 투명한 벽일 수도 있었다.

30년을 큰 문제 없이 함께 살아온 그가 최근 들어 불현듯 시도 때도 없이 서운하고 원망스러운 마음이 들어 어디선가 돌파구를 찾아보자는 시도였다. 친구의 경험담을 빌리자면 그 학교에 다니면 적어도 남편이 부부관계를 다시 들여다보고 반성하는 계기는 된다는 거였다.

수업이 모두 끝난 졸업식 날, 아내를 초청한 자리, 불이 꺼지고 흐느끼는 소리가 들려왔다. 잠시 시간이 흐르고 불이 다시 켜졌을 때 부부들은 서로를 안은 채 눈물을 닦아주었다.

준비된 대야에 물을 떠와서 아내의 발을 씻겨주던 중년 남편들. 그들의 눈은 벌겋게 부어올랐지만 표정은 오랜 찌꺼기가 말갛게 씻긴 듯 밝아졌다. 그날 그들도 울고 우리도 울게 한 건 몇 주간 계속된 그 학교의 프로그램이 만든 정지 작업이 있어서다.

"내 아내는 솔직하고 진솔하다. 성격이 시원하고 이해심이 많다. 약속한 것은 반드시 지키는 내 아내는 허황되지도 사치하지도 않고 살림도 야무지게 잘한다."

어느 날 집으로 배달된 남편의 편지를 접하고 화들짝 놀랐다. 매일 보는 남편이 내게 편지를 보낸 것도 놀라웠지만 나에 대한 칭찬이 대단했기 때문이었다.

편지를 읽어가면서 조금씩 조금씩 맥박이 빨라지는 느낌이 왔다. 게다가 계속 이어지는 칭찬에는 "내 아내는 얼굴이 이쁘고 지적이다"라는 말까지 있는 거다. 생전 예쁘다는 말을 들어본 적이 없는 나는 순간 칭찬의 진정성에 의구심이 들었고 슬며시 기분이 언짢아지기까지 했다. 그리곤 이내 그 편지가 '아버지 학교'의 숙제로 배달된 것임을 알았다.

'어쩐지……. 이상하더라니.'

그래도 그냥 넘기기에는 찜찜했다. 미모 운운한 칭찬의 사실 여부를 내가 따지듯이 물었다.

"내가 이쁘다는데 왜? 당신은 웃으면 참 이뻐."

뻘쭘한 표정을 하고 있는 나를 보고 그가 환하게 웃어 보였다. 그날 이후 거울을 볼 때마다 혼자 슬쩍 웃어보는 나를 발견한다. 그리곤 몇 번인가 내게 물어야 했다.
'어, 내가 오늘 왜 기분이 좋은 거지? 가만있자 무슨 일이 있었더라.'

흔히 '고래도 춤추게 한다'는 칭찬은 그런 거였다.
무더기 칭찬과 함께 나는 그날 그의 편지를 통해 생전 처음 "미안하다"라는 말을 들었다. 오랜만에 쓰는 편지, 무슨 말로 시작해야 하나 한참을 고민했는데 생각난 게 미안하다는 말이었단다.

"당신은 누구보다 폼 나게 살 자격이 있는데 남편인 내가 미흡해 실망감을 안겨줘 진심으로 미안하다"는 거였다. 그의 '반성문'에 내 마음의 응어리는 봄눈 녹듯 사라졌다.

나는 그동안 그의 관심과 격려, 칭찬이 그리웠음을 알았다. 그가 청소를 도와주고 식탁에 숟가락을 놓아주는 걸 그토록 원했던 것이 그를 부려 먹고 싶어서가 아니라 나를 배려하는 그가 보고 싶어서였고, '갱년기 증후군'쯤 되는 질환의 처방은 따뜻한 관심이었음을…….

그리고 나도 남편 숙제 편지에 대한 답장을 해줘야 했다. 그것 역시 부부의 날, 여러 사람 앞에서 제출해야 했으니까.

"나의 남편은 과묵하고 이성적이다. 침착하다. 신중하다. 한결같다. 검소하다."

쉬임없이 써내려갔다. 나는 그의 장점이 그렇게 많은 줄 미처 몰랐다. 그런 장점을 "쌀쌀맞다, 냉정하다, 느려터져 답답하다, 인색하다"고 반대로 뒤집어 단점으로 지적하면서 부부싸움을 하며 핏대를 올렸던 것이다.

닦고 조이고 기름치자

칭찬과 미안함을 담은 아빠의 편지는 함께 사는 아들에게도 배달됐다.
"인사성이 밝다, 유머 감각이 좋다, 상냥하다."

아들에 대한 아빠 칭찬 20가지는 지금 비닐 코팅이 되어 아이의 방 벽에 붙어있다. 방 분위기가 촌스러워진다며 한사코 사양하던 아들이 그 비닐을 떼지 않는 것을 보고 우리는 알아차렸다. 아들은 그 칭찬을 기뻐하고 있구나, 머지않아 칭찬대로 바뀌겠구나.

평소 출퇴근 시 별 말없이 집을 드나들던 아들은 요즘 한층 밝아진 목소리로 "다녀오겠습니다아~"하고 소리쳐 인사한다. 가끔 여자 친구 얘기도 들려준다.

　칭찬을 가득 담은 그 '편지 사건' 이후 우리 식구는 별말은 없었지만 알아차린 것 같다. 아무리 피를 나눈 허물없는 식구지만, 아무리 한 솥밥을 먹고 수십 년을 함께 살아온 사이지만 그 관계도 오래된 자동차처럼 '닦고 조이고 기름치는' 일이 필요함을. 그래야 오래오래 사고 없이 굴러갈 수 있다는 것을…….

　'부부의 날'에 참석한 50여 쌍의 중년 부부들도 아마 비슷한 감정에 미안함과 후회의 눈물을 흘렸으리라 생각된다. 한 장의 편지가 서로의 마음을 움직이는 신호탄을 쏘아 올린 덕이라고 해야 할 것 같다. 내가 그랬으니까.

　"그동안 아내에게 너무 무심했던 것 같아요. 이제 설거지라도 맡아 해야겠어요."

　부부 모임에서 만난 한 남편은 별거 중인 아내가 자신에게 쓴 답장을 읽고 깜짝 놀랐다고 했다. 그는 아내가 30년을 함께 살면서 적게 잡아 2만 번의 식사 준비와 2만 번의 설거지, 1만 번 이상의 집 안 청소를 혼자 해냈다는 하소연을 보고 새삼 놀라움과 미안함을 금할 수 없었다고 했다.

'1천 번도 놀라운데 그 20배인 2만 번이라니…….'

그는 죄스러움에 눈물이 흘렀다고 했다. 습관처럼 굴러가던 오래된 관계에 위기가 왔던 그들 가정도 요즘 새로운 봄을 맞고 있으리라 기대된다. 나도 멀어져간, 죽어간 모든 관계에 새 생명을 불어넣고 싶다.

자꾸 나이가 의식되는 요즘, 감사한 것, 중요한 것의 우선순위가 바뀌어가고 있음을 느낀다. 정말 소중한 것은 젊은 날 집착했던 돈으로도, 자리로도 살 수 없음을 점차 깨달아가는 것이다.

지난해 내 서가에 새로 꼽힌 많은 책들이 행복에 관한 것임이 그를 말해준다. 작심삼일이 두려워 매년 신년 계획조차 세우지 않는다면 우리 모두 칭찬과 배려의 달인 되기를 목표로 삼아보면 어떨까?

"너의 행복은 다른 사람을 행복하게 하는 데 있다"는 금언도 있으니 하는 말이다. 나 자신 개인의 목표 달성이 가족과 이웃의 행복도 될 수 있으니 이 또한 누이 좋고 매부 좋은 일이 아닌가.

한 호스피스 전문의가 1천여 명의 말기 암 환자들이 삶을 마감하면서 남긴 후회들을 정리한 《죽을 때 후회하는 스물다섯 가지》에 귀를 기울일 필요가 있다.

그들은 한결같이 좀 더 고맙다 얘기할 걸, 조금만 더 친절하고 겸손할 걸 등을 우선적으로 꼽으면서 사랑을 전하지 못한 뒤늦은 후회에 가슴 아파했다고 했다.

우리 모두는 '사랑받기 위해 태어난 사람'이라 하지 않던가. 더 늦기 전에 사랑하자. 사랑하는 이들이 떠난 뒤 후회로 가슴을 치기 전에 어서 사랑하자. 남은 세월, '~ 할 걸'로 점철되지 않게. 오늘 당장 해보자.

"여보, 사랑해 그리고 미안해."

여성은 정신적 동물이다?

정말 남편의 '멋진 성공'을 바라는 여성이라면 부엌 냄새가 온몸에 그대로 배어있는 상태로 잠자리에 들지는 말라는 조언도 한다.

중년의 나이에 몰입을 해도 그게 쉽지 않은데 그를 방해하는 된장찌개 냄새나 풀어헤쳐지고 부스스한 모습에 과연 무슨 설렘과 자극이 있겠느냐는 것이다.

밤이 무서운 중년 여성들의 공통점. 이 핑계 저 핑계 대면서 거실과 부엌에서 살림살이 뒷마무리를 하다 남편이 잠들면 침대에 들어간단다. 젊었을 때는 친구들과 여러 날 해외여행 가는 것도 꺼릴 정도로 남편과 찰떡궁합이었다던 한 여성은 40대 중반에 폐경기를 맞고는 180도 달라진 자신을 보고 놀랐단다.

일단 대부분의 중년 여성들을 방해하는 건 폐경기 이후 여성 호르몬의 분비가 급격히 저하되면서 신체가 성생활을 할 수 없게 건조해진다는 게 원인이다. 그건 100% 여성들이 동의하는 문제였다. 그러다 보니 통증과 실패를 피하고자 남편이 먼저 잠들길 기다리는 수밖에.

게다가 아내의 기분이나 상황이 어떻든 무조건 달려드는 남편들의 조급하고 무성의한 태도에 모멸감을 느낄 때가 많다는 거다. 아무리 부부 사이라지만 가끔 남편에게 성폭행을 당한다는 모욕감마저 든단다.

애정이 없는 행위를 계속하다 보면 심지어 '내가 하루 종일 집안일하고 밤에는 이런 봉사까지 해야 하나?' 하는 회의가 들 때가 있다고. 게다가 담배와 술에 찌든 입 냄새를 맡아야 할 땐 숨이 막히는데 무슨 사랑이 싹트겠느냐는 것이다.

여성들은 성관계를 통해 정욕을 해소한다기보다는 사랑받는데 더 의미를 부여하는 보다 정신적인 동물이다. 그래서 때로는 무성의한 성관계보다는 뜨거운 입맞춤이나 포옹에 훨씬 더 사랑받는 기분이 든다는 걸 남자들은 모른다. 그래서 여성은 성관계 없이 스킨십만으로도 얼마든지 그 이상의 행복감을 느낄 수도 있고 이에 감동하면 보답하려는 마음도 든다는 사실을 남자들은 알아야 하리라.

한 여성은 자신이 병났을 때 지극 정성으로 간병한 남편에 감동, 그를 기쁘게 하기 위해 용기를 내 약국에서 구매한 윤활유의 힘을 빌린다고 했다. 어떤 남편은 부부관계를 원할 경우 그날 저녁 설거지를 맡고 아내가 쉬고 준비할 시간을 준다니 절로 애정이 샘솟는다고 하더라.

혹시 TV에서 '동물의 세계'를 보셨는가. 비록 동물일지라도 암컷에 구애하기 위해 수컷이 얼마나 머리를 쓰고 노력하는지 안다면 아내와의 사랑에 보다 정성을 쏟아야 하지 않을까?

하물며 당신의 아내가 긴 세월을 돌아와 이제 몸이 제 뜻대로 작동하지 않게 됐다면 측은지심에 더욱 사랑하고 싶지 않은가 말이다.

그녀가 허망감에 몸도 마음도 더 말라빠지기 전에 평소에 스킨십으로 열심히 애정을 표현해보라. 혹 싸우더라도 각방을 쓰는 건 금물. 화해의 기회가 점점 줄어드니까. 암튼 한 번 마음이 떠나면 돌이키기가 정말이지 힘들다.

인생 100세 시대, 남은 반평생을 '무늬만 부부'로 살기에는 너무 아깝지 않은가? 오늘은 내 평생 반려자의 문제가 뭔지 물어보고 함께 고민도 해보자.

그녀와 나 사이에 막힌 것을 뚫어야 합일의 소통이 가능한 것 아닌가. 한때의 사랑으로 맺어진 부부라는 이름으로 모든 것이 자동으로 굴러간다고 생각하면 오산이다.

사랑의 치명적인 속성은 단명성에 있다. 언제 불현듯 아내나 남편이 당신을 떠날지도 모를 일이다.

내 탓이다 미안하다

요즘 줄을 잇는 연예인들의 이혼이 얘깃거리다. 유명인인 그들이 이혼을 발표하기까지 얼마나 힘든 과정을 거쳤을까 생각하면 마음이 짠하다. 온갖 사정이 있겠지만 한결같이 '성격 차이' 때문이란다.

'대외용 멘트'로 여겨지지만 틀린 말은 아니다. 뭐가 시발점이 됐든 두 사람이 보인 사고와 행동 양식의 차이가 불화의 골을 깊게 만들었다고 봐야 하기 때문이다.

근데 애당초 서로의 성격 차이를 모르고 결혼한 사람이 얼마나 될까? 오히려 서로 다른 성격에 이끌려 사랑에 빠져들지 않았을까? 서로 전혀 다른 유전인자에, 전혀 다른 환경에서 자란 두 사람의 성격이 같기를 바라는 게 오히려 이상한 거다.

둘을 눈멀게 했던 호르몬의 화학 작용이 결혼 후 시들해지면 둘 사이 간극을 메워야 할 현실이 기다리고 있는 거다.

한해 12만 쌍이 이혼하고 매년 증가 추세라고 한다. 한 세상 살면서 이혼을 생각해보지 않은 부부가 과연 몇이나 될까? 갈등의 골이 깊어지고 상대가 '웬수'처럼 느껴질 때 자신을 돌아볼 필요가 있다.

부부라는 이름으로 모든 것이 자동으로 굴러간다고 서로에게 태만하지는 않았는지. 사랑이란 이름으로 상대를 함부로 대하고 용서받을 수 있으리라 억지를 부리지는 않았는지. 결혼을 깊이 통찰한 심리학자들은 다음과 같이 말한다.

"결혼은 서로의 삶에 돌진하지 않고 신뢰하며 끊임없이 노력하는 것. 한때의 낭만적인 사랑이 좋은 결혼생활을 보장하리라는 환상을 버려라."

— 아놀드 라자루스의 《결혼의 신화》 중에서

"결혼에 충실하겠다는 이유로 배우자를 지배하려 하지 말고 독립성을 인정하라. 지나친 의존은 지배와 복종을 낳고 궁극적으로는 부부관계를 와해시킨다."

— 웨인 다이어의 《행복한 이기주의자》 중에서

서로의 차이를 인정하고 그 간극에 다리를 놓기 위해 머리가 아닌 가슴으로 상대의 속마음을 읽어 소통하라고 주문한다.

전원을 끄듯 가슴을 닫으면 상대의 마음을 들여다볼 수 없다는 것이다. 상대가 내 아픔에 공감할 때 이미 절반의 상처가 치유됨을 우리는 경험을 통해 알고 있다. 철벽같은 불통의 외로움이 얼마나 사람을 병들게 하는지도.

매일 별일 없이 굴러가던 자동차가 별안간 고장이 나듯 수십 년 한솥밥을 먹어온 부부관계라 해도 이상이 생기게 마련이다. 가정의 달, 괜히 있는 게 아니다. 공기처럼 흔적없이 나를 에워싸고 있는 가족의 고마움을 깊이 깨닫고 사랑을 다짐하자는 주문이다.

내 삶의 안식처, '즐거운 나의 집'이 없으면 아무리 잘 나간들 삶은 모래 위의 성 아니겠는가.
부부가 서로 다르니 싸우는 게 정상이고 이해해달라고, 더 나아지자고 싸우는 것이다. 상처는 부족한 내 스스로가 받는 것이지 상대가 주는 것이 아님을 알자. 상처받는 것 자체가 자만이라는 말도 있다.

서로 달라서 생긴 오해로 인생을 허비하지 말자. 내 탓이다, 미안하다, 사랑한다, 고맙다, 이 네 마디, 하루 열 번씩만 하자. 미워하고 살기엔 너무 아까운 시간이 가고 있다. 사랑하기에도 부족하니까. 이 모두 내게 거는 주문이다.

진정한 사랑은 영원히 자신을 성장시키는 경험이며 중요한 것은 사랑받는 것이 아니라 사랑하는 것임을 살면서 점차 깨닫게 되지 않던가. 자신을 사랑하는 사람만이 남도 사랑할 수 있어 삶의 승리자가 되는 법이다.

한때 남편의 배신으로 인해 죽을 만큼 깊은 상처와 깨달음을 얻었다는 힐러리 클린턴(미국 빌 클린턴 전 대통령 부인)도 "사랑하고 사랑받는 일 이외의 모든 것은 인생의 배경음악에 지나지 않는다"고 하지 않던가.

사랑으로 인한 상처의 치료약은 더 많이 사랑하는 것, 그보다 더 나은 치료약은 없는 것이리라.

이웃방 하숙생,
편한 당신이 최고

　남편은 20대 결혼 초년에도 식구(食口), 30여 년이 흐른 지금도 여전히 식구다. 그런데 요즘에는 정말 가족이 식구, 즉 '먹는 입'이라는 말이 실감이 난다. 남편은 '먹는 입'이면서 나머지 '먹는 입'들을 위한 재료 마련에 평생을 바친 사람, 그 사람의 아내인 나는 그 재료로 수십 년간 수만 끼니를 대령한 존재.

　그리고 이제 우리는 밥을 먹을 때만 겨우 몇 마디 말을 나누니 식구라는 말! 딱이다! 우리 부부, 특별히 사이가 냉랭하고 문제가 있어 하는 말이 아니다.

　자립심이 비교적 강한 내 자신, 오랜 직장생활을 한 탓인지 아직은 혼자 있는 시간을 즐긴다. 각자 일을 끝내고 돌아오면 식사시간, 자는 시간을 제외하곤 자기 방에서 책도, TV도 혼자 본다. 각자 좋은 프로를 골라 보니 편하고 남편은 자신의 취미 중 하나인 악기 연습으로 아내를 방해하지 않아도 되니 편해 한다.

식탁에 앉으면 별 얘기 없이 TV 뉴스에 잠시 멘트를 날리는 수준이다. 각방을 쓰는 친구들보다는 나은 편인가? 그들은 상대가 코를 골아서, 무늬만 부부라서 등등 이유를 댄다.

긴 해외여행도 각자의 친구들과 가는 경우도 흔하다. 이유는 친구하고 가는 게 더 재미있고 편하기 때문이란다. 어쩌다 산책을 함께 나가도 따로 걷게 된다. 혼자 하던 걸 굳이 보조를 맞추느라 신경을 쓸 필요가 없다는 얘기다.

각방에 있다 냉장고 앞에서 부닥치면 마치 '이웃방 하숙생' 같다는 기분이 들어 가끔 서로 쳐다보고 멋쩍게 웃곤 한다. 그런데 요즘 주름이 많아진 남편의 얼굴을 보면 문득문득 측은해진다.

'그래, 나랑 살아보겠다고 참 수고 많았네' 하는 마음이 일면서 '이 사람을 이렇게 재미없게 살게 할 권리가 내게 있는 게 아닌데, 뭔가 변화가 필요하다'는 생각에 이른다. 이게 함께 오래 살아온 사람의 '정'

이요, '측은지심'인가보다. 오래 묵혀 익은 것이니 사랑보다 한 수 위인 감정이 아닌가 하면서.

'인생 100세 시대', 앞으로 남은 세월을 이렇게 대충 때워가듯 살기에는 너무 억울한 기분이 든다. 부부 인생의 반을 책임져야 하는 배우자로서 직무유기라는 생각도 드니 그만하면 양심적 아닌가. 하지만 익숙함이 편해서, 뭔가 새로운 것을 도모해 반전의 기회로 삼아보려니 막막하기만 하다.

보통 남편이 퇴사 후 40년을 함께 살아야 하는데, 은퇴 후 아내를 가장 힘들게 하는 사람이 남편이라는 통계도 있다. 그 긴 세월을 지리멸렬, 눅진하게 살지 않으려면 부부관계에도 노력이 필요한 거다. '황혼 이혼'이라는 말, 꼭 남의 말은 아니다. 세상사 한 치 앞을 내다보기 힘드니 말이다.

새삼 마음이 육체를 지배하고 형식이 내용을 지배한다는 생각이 든다. 무기력하고 불행한 마음은 몸도 병들게 하니 일단 의도적으로라도 새로운 기류를 만들면 집안 분위기도 달라지고 침체된 부부관계도 생생하게 살아날 것 같지 않은가.

'이제 새삼 뭐?' '그런 거 형식이지' '그런다고 달라지나?' '뻔히 서로 아는 처지에 뭐?' 하는 생각은 이제 집어치우자. 그런 생각이 관계를 시들게 한다.

결혼기념일, 생일 등 갖가지 기념일을 단지 형식에 불과하다며 다 생략하고 넘기면 부부관계의 내용마저 형식적이 되고 말리라. 기쁨과 설렘의 기회를 원천봉쇄하여 김빠진 맥주처럼 아무 감동이 없어지는 거다. 행복은 의외로 소소한 느낌의 결정체인 걸 이제야 알 것 같다.

전 인생의 행복이 걸려있는, 세상에서 가장 중요한 부부, 두 사람의 관계를 위해 아무 노력을 하지 않는 것, 이건 잘못돼도 심하게 잘못된 것 아닌가. 반성이 필요하다.

"사랑이 무엇인지 아픔이 무엇인지 아직 알 순 없지만/인연이 끝난 후에 후회하지는 않겠지 알 수 없는 거잖아/사랑한 사람들은 이렇게 얘길 하지 후회하는 거라고/하지만 사랑 않고 혼자서 살아간다면 더욱 후회한다고/사랑을 하면서도 후회해도 한평생을 살 사람아/정들어 사는 인생 힘들어도 당신만을 사랑하리라/결혼이 무엇인지 사는 게 무엇인지 아직 알 순 없지만/몇 년이 지난 후에 후회하지는 않겠지 알 수 없는 거잖아/살아본 사람들은 이렇게 얘길 하지 후회하는 거라고/하지만 둘이 아닌 혼자서 살아간다면 더욱 후회한다고"

– 이무송의 노래 '사는 게 뭔지' 중에서

평생을 무명으로 살던 가수가 이 노래 하나로 유명해진 것은 아마도 이 노랫말이 듣는 이들의 심정을 울린 덕분이리라.

그리고 저마다 '힘들게 사는 인생, 그래도 당신만을 사랑하리라'하고 다짐하고 싶은 것이리라.

이 노래, 새삼 아주 딱이다! 딱!

숙명의 결합,
초심을 잃지 말자

 우선 이쯤에서 지나간 우리의 삶을 한 번 점검하면 보면 어떨까? 그냥 흘러가는 대로 내버려둬 시들어버린 부부관계를 좀 객관적인 시각으로 성찰해볼 필요가 있다는 얘기다. 중년의 삶에 대한 다른 이들의 경험과 의견도 들어보면 좀 자극이 되지 않을까?

 그 방법으로 종교나 민간단체에서 하는 '아버지 학교'와 '어머니 학교', '중년 부부 학교' 등에 등록해보자.
 종료 시점에서 각자의 학교에 배우자로 초청받아 참석해볼 기회도 있다. 우리 부부가 죽기 전 하고 싶은 일의 목록인 '버킷리스트'도, 상대의 장점을 찾아내 칭찬하는 편지도 써보면서 서로를 되돌아보고 좀 더 성실하게 노력하겠다는 다짐을 하게 되더라.

서로의 발을 씻어주는 '세족식'을 하면서 다들 눈물을 흘리더라. 크고 작은 잘못에 대한 후회와 용서를 구하는 눈물인 게다. '잘 살아보자'하는 새로운 각오가 솟아오르기도 하니 필요한 경험이리라.

우리가 언제 배우자인 상대가 무얼 원하는지 한 번 진지하게 묻고 말해본 적이 있었던가 반문하게 된다. 보통은 갈등 속에서 상대를 힐난하며 내가 원하는 바를 토로하다 보니 그냥 바람결에 묻혀버리기 마련이다.

나이 들면 자신감도 사라져 오해도 늘고 삐치기도 잘해 불화가 고착화될 공산이 크다. 하지만 이 기회에 상대의 속뜻을 확실히 알고 공동목표를 추구하다 보면 좀 연대의식이 강해지지 않을까 하는 기대감이 든다.

우선 가급적 함께하는 시간을 늘리도록 노력하자. 아무리 한집에 있어도 몸도 마음도 떨어져 혼자가 습관화되다 보면 점점 무언가 같이하는 게 부담스러워지니 말이다. 장가보낸 아들이 집에 들르면 마치 손님처럼 느껴질 때가 있는 것처럼.

아무리 가족이라도 '함께 지지고 볶는' 노력 없이는 절대 가까워지지 않으니까 우선 집안일부터 공유해보자. 가장 활발하게 자주 할 수 있는 것은 함께 장보기와 음식 만들기일 것이다.

의외로 남편들이 장보기에 관심을 보인다. 가격과 성분, 상표를 비교해가며 식구들이 먹고 쓸 물건을 고르는 데 재미를 느낀다. 일생을 아내가 사다 준 것만을 먹고 입다가 쇼핑하는 재미를 느끼는 거다.

음식을 만들 때는 답답함을 이기지 못해 '남편을 시키느니 내가 하고 말지'하지 말고 슬슬 작은 일부터 남편을 끌어들이자. 다듬기나 씻기보다는 칼로 자르기, 만들기 등 결과가 확연하고 맛을 내는 단계의 일에 더 흥미를 느끼게 된다. 남편의 솜씨가 담긴 음식은 맛도 새롭고 대화 소재도 제공하니 일석 삼조다.

무엇보다 아내가 얼마나 복잡하고 생색 안 나는 일에 일생을 매달려 왔나 느끼게 하는 효과가 있다. 그렇게 참여하면서부터는 자연스레 식탁 차림도 설거지도 도우려 하니 아내 마음과 말투도 이전보다 부드럽고 상냥해지는 덤도 있다. 이러니 좋은 점이 한둘이 아니다.

여러 업체들이 주최하는 장 담그기와 김장하기, 함께 여행을 가서 유쾌한 시간을 보내는 것도 권할 만하다. 직접 만든 된장과 김장을 먹으면서 두고두고 화제로 삼으니 매년 참가하자고 한다.
재미가 들렸는지 요리 강습도 함께 다니잔다. 아내와 아들 내외가 좋아하는 각종 스파게티도 만들어주고 싶은 모양이다. 정말 장족의 발전인 것이다.

  순간 아내인 나는 이 작은 제안에 행복해진다. 남편에게 세탁기도 돌릴 기회를 주고 뽀송뽀송하게 마른 식구들의 옷을 개는 일도 또 다른 유대감과 살림 재미를 줄 거라고 굳게 믿는다. 별거 아닌 것 같지만 집안일을 나누는 일이 축 늘어진 부부관계를 팽팽하고 생생하게 하는 핵심이다. 잘하면 슬쩍 안아도 주고 어깨도 두들겨주는 건 어떨까?

  이웃이나 친구 부부들과 함께하는 부부 동반 모임에 참석횟수를 늘리는 것도 대화와 공감의 시간을 늘리는 데 도움이 된다. 공통 대화 주제도 생기니 더 좋다.

  일생을 따로 다니다 최근 남편의 고교 동창 종교인 모임인 신우회에 참석하니 당장 거기 참석한 부부 얘기만으로도 줄줄이 얘기가 이어지더라. 늘 얘기로만 듣던 남편 친구와 '누구 마누라'를 보니 반갑기도 하고.

  각종 모임 중에는 무엇보다 종교 활동 모임이 구성원 간의 갈등이 가장 적은 것 같다. 공통으로 추구하는 바가 있으니 쉽게 가까워지게 되고, 서로 조심하고 각 가정의 문제를 진솔하게 전하고 함께 이를 위해 기도하게 되니까 더욱 그러한 거다.

함께 하는 봉사 활동도 좋고 스포츠 모임이나 취미 활동반에 함께 들어가 시간을 보내면 훨씬 활기찬 기분으로 운동도 하고 사교도 함께하니 금상첨화다. 자연 속에 자주 있는 게 좋은 거다. 자연은 욕심도 줄이고 마음도 너그럽게 하는 말 없는 스승인 셈이니까. 집안의, 부부간의 많은 문제가 욕심과 아집에서 비롯되니까 이의 강도를 낮추는 역할을 하니까.

방법은 각자 처지에 맞게 여러 가지가 있을 터. 사실 해답은 이미 알고 있는 것 아닐까? 평범함 속에 답이 있다는 것을 말이다. 우선 노력하려는 마음가짐, 실천에 옮기는 인내심, 서로의 행복이 곧 나와 가족의 행복이라는 깨달음 등이 필요하리라. 아무 노력도 없이 다른 부부와 비교하고 비난하고 비웃음 짓는 일은 당장 그만두자.

뭐니 뭐니 해도 이 삭막한 세상, 부부가 최고다. 나의 노후를 의탁할 사람, 자식도 아니고 동병상련의 정으로 내 처지 알아줄 사람, 배우자인 걸 새록새록 깨달아가게 된다. 사실 이 지구라는 별에 동시대, 같은 나라에 태어나 부부라는 인연으로 맺어진 그 기막힌 숙명적 결합을 생각하면 어떻게 한 번뿐인 생을 대충 보낼 수 있을까 싶다.

작은 첫걸음이 선순환을 유도하고 그게 마중물이 되어 우리의 결혼생활은 새로운 전환기에 접어들게 되리라 확신한다. 먼 옛날, 결혼식장에서 서서 하던 그 맹세를 한 번 떠올려보자. 주례의 말씀에 분명 아무 생각 없이 "네, 네!" 대답한 것은 아니지 않은가.

내 감정 휘어잡기
- 위기관리 십계명

'모든 게 내 문제다.'

내가 되새김을 하기 좋아하는 말이다. 이 말을 떠올리면 오해와 미움으로 들끓던 마음이 방향을 잡기 시작하니 말이다.

상대에게서 좋고 나쁨의 원인을 찾고 불화의 뿌리를 캐다 보면 마음은 어느새 불행의 나락으로 곤두박질치니 초기에 다 잡는 데는 이처럼 좋은 말이 없다.

'내 탓이다, 내 탓이다.'

몇 번을 되뇌어보라. 마음이 잔잔해진다. 사실 모든 오해와 이해는 내 관점에 기인하는 것이다. 같은 사안, 같은 상대의 말을 접할 때 해석을 하는 나에 따라 그 의미가 상당히 달라진다는 것을 알았기 때문이다.

내가 던진 말 역시 상대의 처지에 따라 얼마든지 달라질 수 있기 때문이다. 그러니 위기에 처한 내 감정을 내가 휘어잡는 게 급선무다. 내가 나의 주인이 되는 거다.

냉정해져야 한다. 곧 터져버릴 것 같은 뜨거운 머리로는 아무 일도 할 수 없다. 머리는 차갑게, 가슴을 뜨겁게 하라는 말이 있지 않은가. 그러려면 하루에도 몇 번씩 감정에 휘둘리는 자신을 지긋이 내려다보고 스스로 통제하는 요령이 필요하다. 부부관계도 예외가 아니다.

험난한 인생 여정을 그만큼 건너왔으니 그동안 스스로 체득한 '위기관리 십계명'이라도 써서 냉장고든 책상 앞이든 어디든 붙여놓고 수시로 다짐하자.

1 그저 감사하다고 말하라. 행복은 소소한 것에 감사하면 저절로 찾아온다더라. 그래도 감사, 그러니까 감사, 그럴수록 감사, 그럴지라도 감사, 일단 감사, 무조건 감사하리라.

2 돈이나 지위가 주어지지 않는 일에는 시큰둥한 버르장머리를 고치자. 작은 일

이 계기가 되어 큰 결과를 나올 수 있다. 작은 우연들이 큰 필연을 만들 수 있다. 무엇을 배우든 배움은 보람과 희망의 지름길이라더라.

❸ 웃으리라. 행복해서 웃는 게 아니라 웃어서 행복한 거란다. 심각해 보여도 시간이 지나면 사실 별거 아닌 경우가 많다. 찡그리면 배우자도 아이들도 다 도망간다.

❹ 집안에 근심이 생기면 앞장서 "까짓거 괜찮아"를 외치라. 식구들의 성급한 안달, 조바심, 불안을 누그러뜨린다.

❺ "인생사 새옹지마"라고 외치라. 그런 사례는 도처에 무수하게 깔려있다.

❻ 부부 싸움 하기 전에 '참자 참자'를 되뇌자. 감정관리는 최초의 단계에서 성패가 좌우되니 화가 끓어오를 때 일단 이 말을 내뱉자.

❼ 배신감과 섭섭함에 분노가 치밀 때 '인간은 원래 그런 거야'라고 생각하자. 허약해지면 괜한 말에 상처받기 쉽더라.

❽ '시간이 약이다'라는 말을 믿어라. 죽게 괴로웠던 일들이 지금은 잊혀진 게 얼마나 많은가.

9 '행복은 결심한 만큼 행복해진다'고 되뇌라.

10 비관론자는 모든 기회에서 어려움을, 낙관론자는 모든 어려움에서 기회를 찾아낸다는 말을 상기하자. 자기 암시가 먹힌다는 걸 모르는가.

　지금부터라도 이 십계명을 되뇌면서 험난한 인생사, 씩씩하게 버텨보자. 오늘의 나는 어제의 습관이 만들었고 10년 후 나는 오늘의 습관이 만든다는 말이 있다. 우리 가정의 행복 이렇게 만들어가자.

메멘토 모리
– 그 사람

   그는 늘 궁리가 많아 늦은 밤 혹은 새벽까지 쉽게 잠들지 않는다. 우린 각자의 방에 커다란 책상 하나씩을 놓고 그 앞에 앉아 뭐든 해야만 직성이 풀리는 사람들이다. 아침에 일어나 그의 책상 위를 보면 간밤의 메모와 낙서가 그의 복잡한 머릿속이 어떠했는가를 한눈에 보여준다. 책상은 매우 어지럽다.

   내 관심이 그냥 한군데로 쏠려있다면 그의 시선은 매우 다변적이다. 자연 속에 있으면 일관되게 힘이 솟는 내가 '자연과의 놀이'를 제외하곤 틈틈이 읽고 쓰고 펴내고 하는 일에 늘 꽂혀있다면 그는 아주 다양한 쪽으로 부산하고 분주하다.
   그는 생업보다는 취미생활인 부업(?)에 훨씬 능한 사람이다. 남들

보기에 마치 꽤 오래전부터 잘 살아(사실은 그게 절대 아니다) 돈에는 별 관심이 없는 듯 보이나 이걸 탓하면 무엇하리. 이미 늦어버렸다. 태생이 그러니 좋게 표현해 돈에 소박한 사람이라고 해두자.

그는 그 자신 안에 내재한 다방면의 끼를 골고루 일상에서 풀어놓느라 늘 분주하다. 실속 없이. 그 자신 "잘하는 것도 없지만 못하는 것도 별로 없다"고 자만하기도 한다.

그놈의 돈 벌기나 직장생활 얘기는 일단 접어두자. 돈 욕심이야 왜 없겠느냐마는 먹고 자는데 별문제는 없으니까 이쯤에서 팔자로 여기리라.

동거인의 입장에서 그가 그래도 믿음직한 건 눈썰미와 손재주가 좋아 집안의 웬만한 전기시설, 컴퓨터, 가전기기 등은 사람을 부르지 않고도 얼렁뚱땅 해치워버려 탄성을 자아내는 점이다.

오죽하면 내가 시국도 어수선한데 멀리 조용한 자연 속으로 이민가 그 동네서 수리공으로 연명하자고 했을까? 무슨 외국어든 크게 필요 없이 고치기만 하면 되니까.

그는 또 다양한 스포츠와 잡기(雜技)에 능해 보는 옆 사람을 들뜨게 한다. 아주 탁월한 건 아니지만 그 자신 즐기기에는 부족함이 없다. 뭐든 쉽게 쉽게 배우고 행동에 옮긴다. 흔히들 하는 자전거나 수영에서부터 당구, 바둑 등은 물론 스키, 승마, 골프에 이르기까지 전방위적이다.

철저히 아마추어지만 예술적 소양도 남 못지않다. 음감이 뛰어나 어설픈 작곡에 작사, 노래, 연주도 직접 한 나름의 자작곡으로 낸 음반 2장의 저작권료가 가끔 쏠쏠하게 들어온다며 자랑도 해댄다.

기타 연주는 좀 하는 편이고 피아노 등 웬만한 악기는 연주법만 알면 간단한 유행가 정도는 즉석에서 악보 없이 건반을 울리고 불어댄다. 또 우리 집 벽에는 그의 유화 여러 점이 걸려있다.

때로는 창의적으로, 때로는 내가 좋아하는 명작을 고스란히 베껴 실컷 보라며 벽에 걸어주기도 한다. 굳이 얘기하지 않으면 원작과 헷갈린다. 하지만 물론 작품의 오리지널 창의성이 더 중요하다는 것을 알지만 애정을 담아 하는 헛소리임을 왜 모르랴.

전공인 경영학에 기대 유사 분야에서 밥벌이를 해왔지만 그는 '장애인 승마 치료사', '강도사'(목사 자격은 구비했지만 안수를 받지 않은 교역자) 등 다방면에 엉뚱한 자격증을 갖고 있다.

그가 밤을 지새우듯 책상 앞에 앉아 무어라도 해야 직성을 풀리는 것은 일종의 강박이나 조급증이리라. 나 역시 자유롭지는 않다. 계속 밖으로 나가 수다를 떨고 들어오면 허하고 외로워지니까.

그는 불현듯 어느 날 세상 사람들과 격리되어 아무렇지도 않게 잊혀지겠다며 "시간이 매우 아깝다"고 습관처럼 말한다. 그리고 있는 대로 오래 살고 싶다고(설사 질병으로 잘 움직이지 못해도), 끝까지 살려내라고 해 상대인 나로 하여금 실소하게 하는 인물이다. 나는 어느 날, 싹 흔적도 없이 졸지에 없어지고 싶다는 사람이다.

그는 지금 하늘이 심어준 제 모습, 제 능력 그대로를 최대한 넓게 펼쳐 보이는데 몰두하고 있는지 모른다.

그는 일생, 주변의 친지나 친구 등 가까운 사람에 대해 험담 한 번 하지 않는 사람(물론 그도 TV에 나오는 정치인이나 연예인 흉은 신랄하게 볼 줄 안다.)이다. 아내의 잔소리와 공격에도 화 한 번 내지 않고 느긋하게 유머로 헤쳐가는 그 사람에게서 나는 결단코 용렬, 야비한 구석을 본 적이 없다.

그는 결코 폼 잡지 않는, 속으로 점잖은 사람이다. 그의 아들이 지나가듯 한 말이다. 누구나 대외용의 다른 모습, 즉 페르소나가 있게 마련이지만 일생을 함께 산 사람이 그 중심을 가장 잘 아는 법이다.

그와 내가 가끔 "메멘토 모리!(죽음을 기억하라는 뜻)"를 주입시키며 뒹굴던 침대 위에서 박차고 일어나듯 그와 나는 몇 가지 버킷리스트를 남은 시간 동안 함께 실행에 옮길 것이다. 끝까지 함께할 수 있기를 소망하면서.

늘 장점을 보지 못하고 단점만 골라 공격해대는 동반자, 그녀.
일생 응어리진 것이 있으면 서로 용서하고 남은 시간, "세상 소풍 구경 잘했다"고 얘기할 수 있게 올인하자는 그의 제안에 선뜻 동의하면서 그를 이 지면에 올려 공개적으로 칭찬, 고무하는 것도 그런 다짐 중 하나이리라.

"용서란 타인에게 베푸는 자비심이라기보다 흐트러지는 나를 나 자신이 거두어들이는 일"이라고 말씀하신 한 스님의 염력(念力)에 감사하면서 결혼이라는 제도로 일생 묶여온 그와 내가 섭섭한 일은 서로 용서해가며 남은 삶도 잘 헤쳐나가길 소망한다.

사랑도 행복도 연습이다

최근 서가에 새로 꽂힌 상당수의 책을 살펴보니 행복에 관한 것이 다수다. 그만큼 지난 몇 해 동안 내 삶이 노곤했음을 말해주는 게 아닌가 싶다. 안팎으로 삶을 뒤흔드는 크고 작은 일들이 끊이지 않으니 이런 책에라도 기대고 싶었던 모양이다.

'행복의 매뉴얼 같은 게 어디 없나?' 하는 마음으로 사서 본 이 책들의 공통점은 꾸준한 운동으로 멋진 몸을 만들듯이 행복도 연습하기 나름이라는 것이다.

20여 년간 행복을 과학적으로 연구한 소냐 류보머스키 교수(캘리포니아 주립대 심리학과). 그는 실험을 통해 우리가 처한 물질적 부나 지위의 행복 기여도는 10%에 불과하며 이마저도 인체의 강력한 쾌락적응 현상으로 얼마 지속되지 못한다는 학설을 내놓고 있다.

그는 행복 연습이 행복 여부의 40%를 좌우한다고 말한다. 그러므로 행복 만들기에 50%를 기여한다는 유전적 요인만 적당히 작동한다면 행복은 각자 처한 환경에 상관없이 스스로 만들어낼 수 있다고 주장한다.

독일의 저명한 자기계발 저술가인 피에르 프랑크. 그 역시 스스로 긍정적 사고의 진동에너지를 만들어내면 그 진동이 확산되어 자신은 물론 주위 사람도 긍정의 힘이 건네는 행복을 맛보게 할 수 있다고 역설한다.

죽음의 문턱에 선 환자도 긍정의 진동에너지를 발하게 하면 그렇지 않은 경우보다 30만 배 이상의 체내 저항력을 향상시켜 기적적으로 회생한다는 한 과학연구소의 실험 결과도 인용하고 있다.

행복은 갖가지 경쟁에서 이겨 생긴 전리품이 아니라 샘물처럼 내 안에서 길어올리는 것이라는 믿음과 그에 따른 행동이 만들어준다는 것이다. 그 자각과 확신이 클수록 행복의 가능성도 무한대로 커진다는 이론이다. 행복의 출발점인 부부관계에 무엇보다 적용되는 말이리라.

이들 주장이 100% 맞는지는 알 길이 없다. 그러나 믿는 게 살길이다. 인간사, 끝이 없는 욕심은 채울 길이 없고 우리가 만나는 상대들은 끝없이 우리를 괴롭히니까.

수시로 바닥에 떨어지는 우리의 경험도 결국 비우는 노력, 행복해지려는 연습이 오늘 우리가 지녀야 할 필생의 무기임을 말해준다. 건강한 시간, 직장을 가졌던 세월보다 더 많은 기간을 살아내야 하는 고령화 사회의 우리에게 행복하기 위한 연습은 이 시대의 요구이며 명령이다.

행복은 더구나 저축했다가 나중에 쓸 수 있는 게 아니다. 오늘 행복해야 내일이 행복할 수 있다. 오늘 당장 내 가족, 이웃에게 "사랑한다" "고맙다" "미안하다"고 말해보자.

남편도, 아이들도 예쁜 웃음으로 대답할 것이다. 그때 이미 당신과 그들은 기쁨의 진동에너지 안에서 행복한 순간을 경험하게 될 것이다. 이런 연습이 모여 하루의, 1년의 행복이 되는 게 아닐까? 행복해서 웃는 게 아니라 웃어서 행복하다는 말도 그런 거다.

'나는 행복할 수 있다'는 확신과 연습. 일찍이 예수 그리스도도 "네 믿음대로 될지어다"라고 하지 않으셨던가.

올해 나의 소망 한 가지. 남편, 아들을 포함한 내 가족과 이웃에게 '당신이 내보낸 긍정에너지에 전염되고 있다'는 기분을 느끼게 하리라. 올해, 내 가족, 내 이웃을 늘 미소 짓게 하는 '행복 연습의 달인'이 되고 싶다.

마치면서

    웃고 울고 하면서 파노라마처럼 스쳐간 지난 시간들을 되돌아보면 결혼이란 제도에 묶여 수십 년간 끈질기게 내 곁을 버티고 서 있는 저 사람은 대체 누구인지 기가 막힐 때가 있다. 아마 그에게 나도 그러하리라.

    어느 때는 그 질긴 둘 사이 '관계의 명줄'이 섬뜩할 때가 있다. 굵은 오랏줄 같은 그 명줄이……. 아무리 부부 싸움 칼로 물 베기라지만 그 정도 모욕을 주는 말싸움을 벌였으면 치를 떨며 10번도 더 헤어졌을 법한데 서로 끈질기게 붙어있는 것을 보면 말이다. 정확히 표현하면 싸움은 내가 걸고 상대는 흠씬 당하고 져주는 것으로 끝나는 거다.

어떤 때는 두 사람의 관계가 서로가 아닌 보이지 않는 어떤 손에 의해 조종되고 있다는 근거 없는 생각에 움찔할 때가 있다. 가끔은 상대의 기운과 기분이 서로에게 느껴지는, 소위 텔레파시가 통한다는 느낌에 전율하고 '숙명'이라는 단어를 떠올리게 된다.

내가 외출 중인 상대를 기다리며 전화기를 들여다볼 때 울리는 그의 벨 소리, 서로가 모르는 다른 지역에 있을 때 상대가 내 곁으로 오고 있다는 느낌을 받을 때, 같은 지하철 다른 칸에 타고 있으면서 그의 존재를 느낄 때 그와의 관계를 피할 수 없는 숙명처럼 받아들이게 된다.

아니 이미 그렇게 되어있어 그런 우연이 필연처럼 발생하는지도 모른다. 우연에도 법칙이 있고 신은 주사위 놀이를 하지 않는다는 말도 있지 않은가.
주위의 다른 부부들도 종종 이런 경험들을 얘기하곤 한다. 당신도 누군가와 이런 기운을 느낀 적이 있을 것이다. 상대와 열애 중이든 아니면 '웬수'같이 여기며 살아온 부부지간이든…….

'떨어진 곳에서 느끼기'라는 의미를 가진 텔레파시(Telepathy)는 두 사람 사이에 오감을 사용하지 않고 생각이나 감정을 주고받는 심령 능력이라고 정의된다. 한마디로 쉽게 말해 초능력이 발휘되는 경험인 것이다.

　이런 상황에 이르면 싫든 좋든 운명적 결합을 떠올리지 않을 수 없다. 어떻게 상대를, 이런 상황을 소중하게 여기지 않을 수 있겠는가. 타인의 마음과 몸짓이 때론 보이지 않는 자리에서도 느껴지니 일심동체라는 말도 나왔나 보다.

　그 참으로 기막힌 인연을 생각하면서, 그 소중한 경험들을 감사하면서 이 삭막하고 덧없는 인생사, 결혼이라는 것이 후회하든 안 하든 한 번은 해볼 만한 것이라는 것, 가까이 보면 비극의 연속일지라도 한 발 떨어져 보면 재미있는 희극이라는 생각을 담아 한 권의 책으로 마무리했다.

　혹 사랑이, 결혼생활이 삐걱거릴 때 한 번 자신을, 서로를 돌아볼 필요가 있다. 한 시인의 조언을 머리에 떠올리면서.

"함께 있으되 거리를 두라/그래서 하늘 바람이 너희 사이에서 춤추게 하라/서로 사랑하라 그러나 사랑으로 구속하지는 말라/
(중략) 함께 서 있으라 그러나 너무 가까이 서 있지는 말라/사원의 기둥들도 서로 떨어져 있고/참나무와 삼나무는 서로의 그늘에선 자랄 수 없다"

― 칼릴 지브란의 시 '결혼에 대하여' 중에서

결혼은 나를 버리고 우리를 만들어가는 과정이다. 결혼은 가족을 이루는 출발점이며 가족이 오순도순 살아가는 가정은 인간 최후의 안식처이며 보루임을 되새기며 스스로 더 열심히 살아갈 것을 다짐하게 된다.

우리 모두 가족과 이웃을 기쁘게 하는 '행복 연습의 달인'으로 성공하자. 하늘이 부여한 기회를 감사하게 여기면서 말이다.

마치면서

내 사랑 웬수, 결혼이 뭐길래

초판 1쇄 인쇄 2017년 08월 31일
초판 1쇄 발행 2017년 09월 04일

지은이 고혜련

편집 류태연 | **디자인** 박소윤 | **마케팅** 유인철

펴낸곳 (주)제이커뮤니케이션
주소 서울시 영등포구 여의나루로 121, 1-708
등록 2012년 03월 22일 제2017-000005호
전화 02-784-0046 | **팩스** 02-6335-0046
이메일 jcommunication@naver.com

값 16,000원
ISBN 979-11-956910-4-3 03190

이 책은 저작권법에 따라 보호를 받는 저작물이므로 무단전재 및 복제를 금지하며,
이 책 내용의 전부 및 일부를 이용하려면 반드시 저작권자와 (주)제이커뮤니케이션의
서면동의를 받아야 합니다.
이 도서의 국립중앙도서관 출판시도서목록(CIP)은 서지정보유통지원시스템 홈페이지
(http://seoji.nl.go.kr)와 국가자료공동목록시스템(http://www.nl.go.kr/kolisnet)에서
이용하실 수 있습니다. (CIP제어번호 : CIP2017018232)

* 잘못된 책은 구입하신 서점에서 바꾸어 드립니다.